最強の内申策

中学 実技

監修

指導歴25年以上！ 経験と実績に基づく

ダーウィン進学教室

若井 雄司

　はじめまして！ダーウィン進学教室代表の若井と申します。今回，この本を手に取っていただき，ありがとうございます！

　昨今は教育改革が進み，新たな指導要領のもと中学校の学習が進められています。それに伴い，各高校の入試制度も年々変化してきています。しかし，だからといって今の勉強方法を大きく変える必要はありません。勉強の本質である「よみ・かき・そろばん」，つまり「読解力・記述力・計算力」は一貫して大事な礎であり，今までもこれからも変わることはありません。私は，この礎が普段の生活動作に基づくという考えのもと，日々授業を行っています。具体的には「目を見て挨拶する」「部屋を整然としておく」「授業後は机をきれいにし，椅子をしまって帰る」などの基本動作です。

　公立高校入試は，内申で決まると言っても過言ではありません。みなさんも，内申を上げようと日々試行錯誤していることと思います。内申を上げるには定期テストや実技テストで高得点を取ることがマストですが，他にも提出物や授業態度が大きくかかわってきます。「先生とのやり取りは目を見ながらハキハキと」「提出物は見やすい字で書く」「期限内にちゃんと出す」「プリントはしわくちゃにならないようクリアファイルに入れておく」など，普段の基本動作を意識すると良いです。

　この本は，公立高校入試で比重の高い実技4科の内申を上げることを目的としてつくられました。この本で勉強を進めながら，生活環境や学校生活をよりよくしていくことで，みなさんが夢えがく明るい未来が実現することを願っております！

若井雄司

もくじ

音楽 ♪

美術

保健体育

技術家庭

この本の使い方

先生の目 ✨

先生が授業や定期テスト，成績を付けるときにどのようなところに着目しているのかをまとめました。

直前

内申対策

定期テスト直前に，ここだけは押さえておいてほしいポイントや，この単元を勉強するときのコツなどをまとめました。

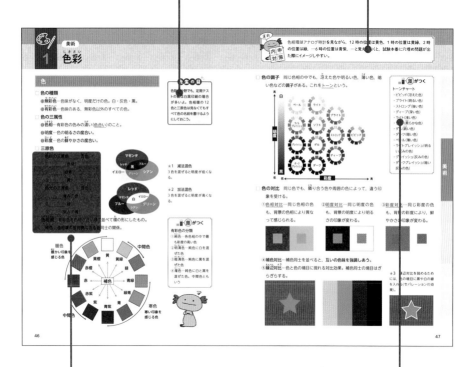

定期テストで出題されやすい重要な語句は，赤シートで消える赤をつかっています。付属の赤シートで重要な部分を隠しながら，繰り返し学習しましょう。

■■■ 差 がつく

定期テストであとすこし，実技テストでもう一歩，いい成績を取りたい人のために教科書のレベルよりも1歩踏み込んだ内容を取り上げています。

実際にあった実技テスト一覧

実技テストは地域，学校，担当する先生によって様々なものが出題
されます。実際に各教科でどのような実技テストが出題されたこと
があるのか，中学生たちにアンケートを取り，まとめました。

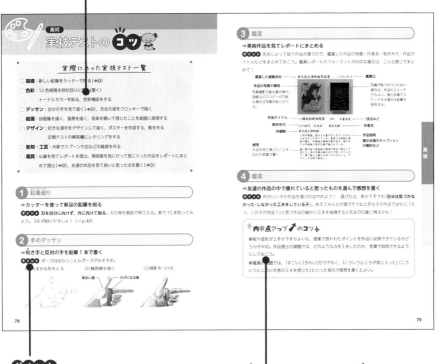

ポイント
実際にその実技テストが
出たら注意しておきたい
ポイントをまとめました。

✧内申点アップ↗のコツ✧
内申点を上げるために，押さえておきた
いポイントを教科ごとにまとめました。

内申点とは?

☐ **素内申**　9教科の5段階評価の合計点。9教科オール5だと45となる。

● **5段階評価（素点）のつけ方**

　　中学校の素点はクラスや学年内での順位や他の生徒との比較ではなく，観点別評価で生徒一人ひとりにもとづいて決められる。観点別評価は以下の3つに分類されている。

　　　①知識・技能
　　　②思考・判断・表現
　　　③主体的に学習に取り組む態度

　　これらの観点にもとづき，各教科で具体的な【試験点】や【平常点】を総合的に判断し，1〜5の素点を付ける。

【試験点】　おもに①知識・技能や②思考・判断・表現などをはかるために用いる

・**定期テスト**…学期の中間や学期末に行われる**ペーパーテスト**

・**実技テスト**…ペーパーテストとは別に行われる。体育だと球技のサーブのテストや，音楽だと歌やリコーダーのテストなど。

【平常点】　おもに③主体的に学習に取り組む態度などをはかるために用いる

・出席点
・授業態度
・提出物

☐ **換算内申**　素内申に計算を加えたもの。その計算方法は都道府県や高校，受験方式によって違う。

● **東京都の公立高校の場合**…中3の素内申をもとに換算

計算式	得点
5段階評価×5教科(英・数・国・理・社)	25点
5段階評価×4教科(音・美・保体・技家)×2倍	40点
合計	65点

● **鹿児島県の公立高校の場合**…中3の素内申をもとに換算

計算式	得点
5段階評価×5教科(英・数・国・理・社)×2倍	50点
5段階評価×4教科(音・美・保体・技家)×20倍	400点
合計	450点

✦ 内申点アップ ↗ のコツ ✦

↗ まずは定期テストの点数を上げよう

　実技教科でよい成績を取るためには，まずは比重の重い試験点を上げるのがマストです。けれども主要5教科に比べ，実技教科の教科書はポイントがわかりづらく何を覚えたらいいのかわかりにくくなっている。この本では，試験に出やすい重要なポイントをまとめているので，試験範囲に該当する部分をしっかり対策しよう。

↗ 授業態度で成績が決まる…？

　実技教科は「**授業態度**」が重要。まずは先生に「**やる気のある生徒**」として顔と名前を覚えてもらうことが大切。

　①授業は必ず出席。もし風邪などで休んだ場合は，登校後真っ先に先生に会いに行き，「〇日の授業に欠席してしまいました。自分で読んでおく教科書の範囲はありますか？」など，休んでしまった分を取り戻したいという**積極的な意欲**を見せよう。

　②授業中，先生が話しているときは先生の目を見て，**うなずきながら聞こう**。もし先生がギャグを言　　ったらどんなにつまらなくても，**必ず笑ってあげよう。**

　③授業後は質問に行こう。できれば授業ごとに1回を目標に。授業中に「今日質問すること」を考えておくとよい。難しい質問でなくても，「どうしても〇〇の部分がわからなかったので，もう一回説明していただけませんか」とか「授業で出たこの表は暗記しておいた方がいいですか」など，授業時間以外に先生と話すことで，意欲のある生徒であることをアピールしよう。

　④忘れ物厳禁。もし授業で使うものを忘れてしまった場合は，別のクラスの生徒から借りられる場合，授業までに借りておく。

↗ 提出物は命！

●**期限厳守**…あたりまえのことだけれど，一番大切なこと。

●**＋αで意欲アピール**…**つねに＋αができないか考えよう。**言われたことをやるのはあたりまえ。ほかの人より何か目立つ工夫をして先生の目に留まろう。

　・日付・教科書の該当ページ数を書く

　・授業中分からなかったことを，ふせんやあいているところに書いておく

　・授業ごとの感想を書いておく　　　・自分で調べ物をしてふせんに書いて貼っておく

●**ノート**…字の上手い下手は関係ない。どんなに字が下手でも，「**濃い筆圧で**」「**文字の大きさをそろえて**」「**項目ごとに見出しをつけて段落をそろえて**」書こう。

●**プリント・ワーク**…もらったプリントはファイルに入れてくしゃくしゃにならないように。問題を解いて間違えた時こそが腕の見せ所！必ず解き直しをして，どこが悪かったのかを分析，ノートにまとめて提出するとよい。

音楽の基礎知識①

音楽

五線譜

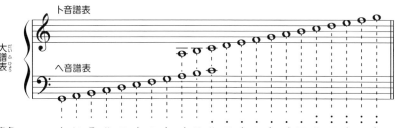

日本語音名 →	と	い	ろ	ハ	ニ	ホ	ヘ	ト	イ	ロ	ハ	ニ	ホ	ヘ	ト	イ	ロ	ハ	ニ	ホ	ヘ	ト
英語音名★1 →	G	A	B	C	D	E	F	G	A	B	C	D	E	F	G	A	B	C	D	E	F	G
階名(ハ長調) →	ソ	ラ	シ	ド	レ	ミ	ファ	ソ	ラ	シ	ド	レ	ミ	ファ	ソ	ラ	シ	ド	レ	ミ	ファ	ソ

★1　日本式はハが C4，アメリカ式はハが C3 となる。

音部記号

ト音記号…書き始めが交わる線を G(ト音)と定める。主に高い音の楽器や声部の楽譜に用いられる。

ヘ音記号…書き始めと：の間を F(ヘ音)と定める。主に低い音の楽器や声部の楽譜に用いられる。

差がつく

五線と加線の名称

音名と階名

- □ **音名**　それぞれの高さの音に固有の名前。調が変わっても，高さが同じなら音名も同じ。
- □ **階名**　各調の主音(音階の始まりの音)を「ド」とし，その調の音階の中の位置によってそれぞれの音に付けられる名前。例えばヘ長調なら，主音の F(ヘ音)が「ド」となり，「ト, G, A, B♭…」の音階に，順に「ド，レ，ミ，ファ…」と割り当てられる。

  ただし，短調の場合は主音を「ラ」とする。例えばヘ短調なら，「F, G, A♭, B♭…」の音階の階名は，順に「ラ，シ，ド，レ…」となる。

先生の目

階名を答える問題はハ長調で出題されることが多いが，どんな場合でも常にし(ハ音)が「ド」，D(ニ音)が「レ」…と対応しているわけではないことは覚えておきたい。

五線譜と音符の読み方は，実技・ペーパーテストを問わず，どの楽曲にも関わる基本中の基本。しっかりマスターしよう。音名と階名の違いや五線の各部の名前も，基本的な事がらとして覚えておくとよい。

音符・休符

※ 4 分音符(休符)を 1 とした場合。

音符	名前	長さの割合※	休符	名前
o	全音符	4		全休符
	付点 2 分音符	3		付点 2 分休符
	2 分音符	2		2 分休符
	付点 4 分音符	$1\frac{1}{2}$		付点 4 分休符
	4 分音符	1		4 分休符
	付点 8 分音符	$\frac{3}{4}$		付点 8 分休符
	8 分音符	$\frac{1}{2}$		8 分休符
	16 分音符	$\frac{1}{4}$		16 分休符

差がつく

全休符は，拍子にかかわらず 1 小節休む場合にも用いられる。

長さの割合は，全音符(休符)を 1 として，4 分音符(休符)は $\frac{1}{4}$，8 分音符(休符)は $\frac{1}{8}$…という考え方でもよい。

付点は，もとの音符・休符に，その $\frac{1}{2}$ の長さが加わることを表す。

☐ 3 連符　ある音符(付点音符を除く)を 3 等分した音符を表す。

4分音符を3等分した例

2分音符を3等分した例

差がつく

連符の中に休符を含む場合もある。

〈例〉

また，本書では 3 連符のみを扱っているが，他にも 5 連符や 7 連符など，分割する数に応じた様々な連符がある。

小節・縦線

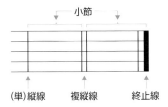

小節

(単)縦線　複縦線　終止線

●縦線によって五線譜は小節に区切られる。複縦線は，拍子や調の変更，反復の区切りに，終止線は曲の終わりに主に用いられる。

音楽

2 音楽

音楽の基礎知識②

拍子と拍子記号

□ **拍子記号** どの種類の音符を 1 拍とし，それが 1 小節に何拍入る
のかを，分数のような形で表す。

〈例〉 <u>4 分の 4 拍子</u>の記号

4／**4** …1 小節に入る拍の数。この場合は <u>4 拍</u>。

4／**4** …1 拍とする音符の種類。この場合は <u>4 分音符</u>。

□ **拍子の種類**

● **2 拍子系の拍子**

4 分の 2 拍子

2 分の 2 拍子

8 分の 6 拍子[★1]

● **3 拍子系の拍子**

4 分の 3 拍子

● **4 拍子系の拍子**

4 分の 4 拍子

□ **指揮の振り方の例**

2拍子　　　3拍子　　　4拍子　　　6拍子

■ 差がつく

4 分の 4 拍子と 2 分の 2
拍子を，次のような記号で
表す場合もある。

4／**4** = C　　**2**／**2** = ¢

[★1] 8 分の 6 拍子という呼
び名・表記ではあるが，実は
8 分音符 3 つ分を 1 拍とする
2 拍子系。このように，拍子
記号で示された種類の音符 3
つの単位で 1 拍と数える拍子
を，<u>複合拍子</u>という。他の例と
して，8 分の 9 拍子は 3 拍子系，
8 分の 12 拍子は 4 拍子系に
属す。

■ 差がつく

2 拍子系である 8 分の 6
拍子は，2 拍子と同じ形で
振ることが多いが，遅いテ
ンポの曲など，次のように
振る場合もある。

音楽

記号・用語

反復記号と演奏順序

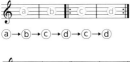

ⓐ→ⓑ→ⓒ→ⓓ→ⓒ→ⓓ

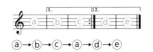

ⓐ→ⓑ→ⓒ→ⓐ→ⓓ→ⓔ

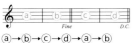

ⓐ→ⓑ→ⓒ→ⓓ→ⓐ→ⓑ

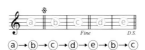

ⓐ→ⓑ→ⓒ→ⓓ→ⓔ→ⓑ→ⓒ

ⓐ→ⓑ→ⓒ→ⓓ→ⓐ→ⓑ→ⓔ→ⓕ

- ● *D.C.*(ダ カーポ)
  …始めから
- ● *D.S.*(ダル セーニョ)
  …𝄋 から
- ● *Fine*(フィーネ)…終わり
  ※ *Fine* の代わりに，複縦線とフェルマータで表されることもある。

- ● 𝄌 …次の 𝄌 までとばす
- ● Coda (コーダ)…終結部

音高に関する記号

記号	読み方	意味
♯	シャープ(嬰)	半音上げる
♭	フラット(変)	半音下げる
♮	ナチュラル	もとの高さで

強弱に関する記号

記号・用語	読み方	意味
pp	ピアニッシモ	とても弱く
p	ピアノ	弱く
mp	メッゾ ピアノ	少し弱く
mf	メッゾ フォルテ	少し強く
f	フォルテ	強く
ff	フォルティッシモ	とても強く
＜	クレシェンド	だんだん強く
＞	デクレシェンド	だんだん弱く
diminuendo (*dim.*)	ディミヌエンド	だんだん弱く

速度に関する記号

記号・用語	読み方	意味
Andante	アンダンテ	ゆっくり歩くような速さで
Moderato	モデラート	中ぐらいの速さで
Allegro	アレグロ	速く
♩=120		1 分間に ♩ を 120 打つ速さで
ritardando (*rit.*)	リタルダンド	だんだん遅く
a tempo	ア テンポ	もとの速さで

演奏の仕方に関する記号

記号	読み方	意味
♩•	スタッカート	その音を短く切って
♩‒	テヌート	その音の長さをじゅうぶんに保って
♩>	アクセント	その音を目立たせて，強調して
⌢	フェルマータ	その音符(休符)をほどよく延ばして
タイ	タイ	隣り合った同じ高さの音符をつないで，1 つの音に
スラー	スラー	高さの違う 2 つ以上の音符を滑らかに

13

3 音楽 浜辺の歌／赤とんぼ

浜辺の歌

- ☐ **作詞者** <u>林古溪</u>(1875-1947) 東京生まれの詩人。本名は林竹次郎。国文学者，漢文学者でもあった。
- ☐ **作曲者** <u>成田為三</u>(1893-1945) 秋田県生まれ。東京音楽学校(現東京芸術大学)在学中に「浜辺の歌」を作曲し，他にも「かなりや」をはじめとした数々の童謡を残した。

> **先生の目**
> 旋律の特徴や強弱が，歌詞の表す情景とどのように関わっているかに注目しよう。

〈譜例1〉

〈譜例2〉

① 調名…<u>ヘ長調</u> ヘ(F)の音が主音の長調。調号は♭が1つ。
② 拍子…<u>8分の6拍子</u> 8分音符(♪)6つで小節を区切る拍子。「1トト2トト」と2拍子のように指揮を振ることが多い。
③ 速度…1分間に♪を104〜112回打つ速さ。
④ メッゾ ピアノ…少し弱く ⑤ <u>クレシェンド</u>…だんだん強く
⑥ <u>デクレシェンド</u>…だんだん弱く
⑦ <u>メッゾ フォルテ</u>…少し強く ⑧ フォルテ…強く

> **■ <差>がつく**
> 2つの大きなまとまりからなる二部形式で，譜例はそれぞれの最初の部分。〈譜例2〉の旋律は他の旋律と比べて，音はより高く，強弱はより強くなっている。

☐ **重要な歌詞の意味**

あした…朝
しのばるる…(昔のことなどが自然に)思い出される
ゆうべ…夕方 もとおれば…めぐれば，歩きまわれば

作詞者は，神奈川県の<u>辻堂海岸</u>をイメージしてこの歌詞を書いたといわれている。

一、
あした浜辺を さまよえば
昔のことぞ しのばるる
風の音よ 雲のさまよ
寄する波も かいの色も

二、
ゆうべ浜辺を もとおれば
昔の人ぞ しのばるる
寄する波よ かえす波よ
月の色も 星のかげも

内申対策 以降で取り上げる作品についても同様だが，作詞者と作曲者の名前は要チェック。ここではさらに，旋律の特徴や強弱の変化が，歌詞の内容や抑揚，曲の雰囲気とどのように関わっているのかに注目しよう。

赤とんぼ

☐ **作詞者** 三木露風（みきろふう）(1889-1964)　兵庫県生まれ。16歳で詩集「夏姫（なつひめ）」を刊行。情感あふれる作風で，「赤とんぼ」では，幼い頃の思い出を詩に書いた。

☐ **作曲者** 山田耕筰（やまだこうさく）(1886-1965)　東京生まれ。日本における西洋音楽の普及（ふきゅう）に貢献（こうけん）した作曲家。「赤とんぼ」では，日本語を活かした美しい旋律を作った。

先生の目

この曲は，旋律の動きと強弱の変化が自然に結びついている。これをふまえて強弱記号がどのように変化するか確認しよう。

ゆうや　け　こやけーの　　あかとんぼ

おわれ　て　みたのーはー　いつのーひーか

① 調名…**変ホ長調**　変ホ(E♭)の音が主音の長調。

　調号に♭が用いられる長調の場合，調号の右から2番目の♭の音がその調の主音（ヘ長調は例外）。

② 拍子…**4分の3拍子**　4分音符（♩）を1拍とし，3拍（♩が3つ分）で1小節になる。

③ 速度…1分間に♩を58〜63回打つ速さ。ゆったりとした速度。

④ **ピアノ**…弱く　⑤ **クレシェンド**…だんだん強く

⑥ **メッゾ フォルテ**…少し強く

⑦ **デクレシェンド**…だんだん弱く

☐ **重要な歌詞の意味**

負われて…背負われて

姐や…子守（こも）りの娘（むすめ）

お里のたより…ふるさとからの手紙

差がつく

1段目4小節をa, 2段目4小節をbとすると，aは続く感じ，bは終わる感じがする。このように，通常2つのフレーズからなり，1つの大きなまとまりで完結する曲の形式を，**一部形式**という。

差がつく

「あかとんぼ」という言葉の発音は，当時は語頭の「あ」にアクセントがあった。旋律もこれに合わせて作られたといわれており，「あ」に高い音が使われている。

四、
夕やけ小やけの
赤とんぼ
とまっているよ
竿（さお）の先

三、
十五で姐（ねえ）やは
嫁（よめ）に行き
お里のたよりも
絶えはてた

二、
山の畑の桑（くわ）の実を
小籠（こかご）に摘んだは
まぼろしか

一、
夕やけ小やけの　赤とんぼ
負われて見たのは　いつの日か

4 夏の思い出／荒城の月

夏の思い出

先生の目

どのように強弱が変化しているか，表現の工夫を考えながら確認しよう。いちばん盛り上がる部分はどこかな。

☐ **作詞者** 江間章子(1913-2005) 新潟県生まれの詩人。「イラク紀行」をはじめとした詩集のほか，「夏の思い出」と同様に作詞を手がけた「花の街」(→ p.19)もよく知られている。

☐ **作曲者** 中田喜直(1923-2000) 東京都生まれの作曲家。「めだかのがっこう」などの童謡をはじめ，多くの歌曲や器楽曲，校歌などを手がけた。中田章(→ p.20)は彼の父である。

① 調名…二長調 二(D)の音が主音の長調。
　調号に♯が用いられる長調の場合，調号のいちばん右の♯の音より半音高い音がその調の主音。

② 拍子… 4分の4拍子

③ ピアニッシモ…とても弱く

④ 3連符…ある音符を3等分した音符(♫♫♫＝♩)

⑤ ディミヌエンド…だんだん弱く

⑥ テヌート…その音の長さをじゅうぶんに保って

⑦ フェルマータ…その音符(休符)をほどよく延ばして

☐ **曲の背景と特徴**

群馬・福島・新潟の三県にまたがる日本有数の湿原地帯，尾瀬ヶ原の景色を回想的に歌っている。歌詞の抑揚に合わせた旋律の動きと，強弱の変化を大切にし，美しい自然に話しかけるよう，表情豊かに歌いたい。〈a, a〉〈b, a′〉の2つの大きなまとまりからなる二部形式。

差がつく

④の3連符が，2番では異なるリズムになっていることに注意。1番では「咲いて」，2番では「におって」という，それぞれの言葉に合わせたリズムが付けられている。

ゆめみて におっている

「夏の思い出」は全体的な強弱の変化を，「荒城の月」は旋律の形に対してどのように強弱がつけられているかを確認しよう。歌詞の描く情景と，音楽の特徴や雰囲気との関わりにも注目。

荒城の月

先生の目

短調の雰囲気が，歌詞の表す情景とマッチしている。4番までの歌詞と言葉の意味は答えられるようにしよう。

- ☐ **作詞者** 土井晩翠(どいばんすい)(1871-1952) 宮城県生まれ。
- ☐ **作曲者** 滝廉太郎(たきれんたろう)(1879-1903) 東京都生まれ。

作詞者の土井晩翠は，会津(あいづ)(福島県)の鶴ヶ城(つるがじょう)や仙台(せんだい)(宮城県)の青葉城(あおばじょう)を，作曲者の滝廉太郎は，竹田(たけた)(大分県)の岡城(おかじょう)をイメージして，それぞれ作詞・作曲したといわれている。

はるこうろうの　はなのえん　　めぐるさかずき　かげさして

ちよのまつがえ　わけいでし　　むかしのひかり　いまいずこ

① 調名…☐短調　☐(B)の音が主音の短調。
② 拍子…4分の4拍子　4分音符(♩)を1拍とし，4拍で小節を区切る拍子。
③ 速度…アンダンテ　ゆっくり歩くような速さで
④ メッゾ フォルテ　少し強く

☐ **重要な歌詞の意味**

花の宴…花見の宴会　　千代の松が枝…古い松の枝
植うるつるぎ…植えたように立ち並んだ剣
かずら…つる草　　天上影は…空の月の光は
栄枯(えいこ)…繁栄(はんえい)したり衰退(すいたい)したりすること

☐ **補作編曲版について** 山田耕筰(やまだこうさく)(→ p.15)の手がけた補作編曲版も広く親しまれている。上のオリジナルとの違いを確認しておくとよい。

差がつく

☐短調なので，フレーズの最後に☐の音がくると「終わる感じ」がする。この曲は，a，a′，b，a′の4つのフレーズでできており，a′は☐の音で終わるため，〈a，a′〉〈b，a′〉という2つの大きなまとまりからできている二部形式である。

原曲よりも半音低い

音楽

5 花／花の街

花

☐ **作詞者** <u>武島羽衣</u>(たけしま は ごろも)(1872-1967)　東京生まれ。東京帝国大学を卒業後，東京音楽学校などの教授を歴任。「花」や「美しき天然」などの作詞をした。

☐ **作曲者** <u>滝廉太郎</u>(たきれん た ろう)(1879-1903)　東京生まれ。東京音楽学校で学び，ドイツに留学。23歳の若さで亡くなる。「<u>荒城の月</u>(こうじょう)」「<u>箱根八里</u>(はこ ね)(は ちり)」「お正月」「鳩ぽっぽ(はと)」なども作曲。

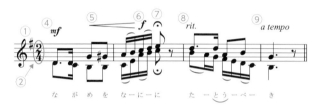

な　が　め　を　なーにーに　　たーとうーベー　き

① **調名**…<u>ト長調</u>　ト(G)の音が主音の長調。
② **拍子**(ひょうし)…<u>4分の2拍子</u>　4分音符(おんぷ)(♩)を1拍(はく)とし，2拍(♩が2つ分)で1小節になる。
③ **速度**…1分間に♩を60〜66回打つ速さ。
④ <u>メッゾ フォルテ</u>…少し強く　⑤ <u>クレシェンド</u>…だんだん強く
⑥ <u>フォルテ</u>…強く　⑦ <u>フェルマータ</u>…ほどよく延ばす
⑧ <u>リタルダンド</u>…だんだん遅く　⑨ <u>ア テンポ</u>…もとの速さで

☐ **重要な歌詞の意味**

うらら…やわらかい日ざしを受けている
櫂(かい)…水をかいて船を進める道具
たとうべき…たとえたらよいのか
見ずや…見てごらん　　あけぼの…夜明け
錦おりなす…美しい織物のように見える
長堤…長い土手　　くるれば…日が暮れると
げに…ほんとうに
一刻も十金の…**ひとときさえもとても価値のある**

一、
春のうららの隅田川(すみだがわ)
のぼりくだりの船人(ふなびと)が
櫂(かい)のしずくも花と散る
ながめを何にたとうべき

二、
見ずや夕(ゆう)ぐれ手をのべて
われさしまねく青柳(あおやぎ)を
見ずやあけぼの露(つゆ)浴びて
われにもの言う桜木(さくらぎ)を

三、
錦(にしき)おりなす長堤(ちょうてい)に
くるればのぼるおぼろ月
げに一刻(いっこく)も千金(せんきん)の
ながめを何にたとうべき

直前 内申対策

「花」については，歌詞の情景を表す要素として，速度や変化に富んだ強弱にも特に注目したい。また，「花の街」が作られた時代背景は頻出。歌詞や作者の言葉をよく読んで，曲に込められた思いを感じ取ろう。

音楽

花の街

☐ **作詞者** 江間章子（えましょうこ）(1913-2005) 新潟県生まれ。「イラク紀行」などの著書や訳書がある。歌曲の詩も多く，「花の街」のほか，「夏の思い出」も作詞。

☐ **作曲者** 團伊玖磨（だんいくま）(1924-2001) 東京生まれ。童謡「ぞうさん（どうよう）」でも知られる作曲家。随筆家（ずいひつ）。主な作品は，オペラ「夕鶴（ゆうづる）」，混声合唱組曲「筑後川（ちくごがわ）」など。

なないろのたにをこえて

ながれていく　かぜのリボン

① **調名**…ヘ長調　ヘ(F)の音が主音の長調。

② **拍子**…4分の2拍子　4分音符(♩)を1拍とし，2拍(♩が2つ分)で1小節になる。

③ **速度**…1分間に♩を72〜84回打つ速さ。

この曲の速度は，速度標語の **Moderato**（モデラート：中くらいの速さで）で表す場合もある。

④ **弱起**（じゃっき）…1拍目以外の拍（弱拍）から曲が始まる。ドイツ語で**アウフタクト**（Auftakt）という。

⑤ **メッゾ ピアノ**…少し弱く

差がつく

旋律の音の動きが話し言葉（歌詞）の高低に近く，歌うと自然な抑揚（よくよう）がつけられるようになっている。

はるよ　はるよと

一、
七色の谷を越えて（こえて）
流れて行く　風のリボン
輪になって　輪になって
駆けて行ったよ（かけて）
春よ春よと　駆けて行ったよ

二、
美しい海を見たよ
あふれていた　花の街よ
輪になって　輪になって
踊っていたよ（おどって）
春よ春よと　踊っていたよ

三、
すみれ色した窓で
泣いていたよ　街の角で
輪になって　輪になって
泣いていたよ
春の夕暮れ（ゆうぐれ）
ひとり寂しく（さびしく）　泣いていたよ

先生の目

曲がつくられた背景は覚えておきたい。終戦直後に作られたこの曲には，戦争で荒廃（こうはい）した日本に再び平和が訪れ，美しい花が咲く街によみがえることを願う作者の気持ちが込められている。

19

早春賦／主人は冷たい土の中に（静かに眠れ）

早春賦

☐ **作詞者**　吉丸一昌(1873-1916)　大分県出身の国文学者。東京音楽学校(現東京芸術大学)の教授を務めるかたわら，多くの唱歌の作詞や外国語の訳詩を手がけた。

☐ **作曲者**　中田章(1886-1931)　東京出身の作曲家。オルガン奏者としても活躍した。中田喜直(→ p.16)の父。

> **先生の目**
> 曲全体を見渡すと，ほとんどの旋律で，上昇する音型はクレシェンド，下降する音型はデクレシェンドになっている。

は　る　は　な　の　み　の　か　ぜ　の　さ　む　さ　や　ー　た

に　の　う　ぐ　い　す　う　た　は　お　も　え　ど　ー　～

① **調名**…変ホ長調　変ホ(E♭)の音が主音の長調。
② **拍子**…8分の6拍子
③ **速度**…1分間に♪を116回打つ速さ。
④ **クレシェンド**…だんだん強く
⑤ **デクレシェンド**…だんだん弱く

> **■〈差〉がつく**
> 弱起で始まり，4小節で1つのフレーズ。〈a,a'〉〈b,a"〉の二部形式。

☐ **重要な歌詞の意味**

春は名のみの……春というのは名ばかりの
歌は思えど……歌おうと思っても
時にあらずと……まだその時ではないと
角ぐむ……芽が出始める
さては時ぞと……今がその時だと
思うあやにく……思ったのに，あいにく
知らでありしを……知らないでいたものを
急かるる……急かされる

一、
春は名のみの　風の寒さや
谷の鶯　歌は思えど
時にあらずと　声も立てず
時にあらずと　声も立てず

二、
氷解け去り　葦は角ぐむ
さては時ぞと　思うあやにく
今日もきのうも　雪の空
今日もきのうも　雪の空

三、
春と聞かねば　知らでありしを
聞けば急かるる　胸の思いを
いかにせよとの　この頃か
いかにせよとの　この頃か

直前

内申対策

「早春賦」で頻出の強弱は，旋律の特徴との関わりで覚えておくとよい。「主人は冷たい土の中に」をリコーダーでも演奏した場合，曲の構成とあわせてリコーダーの運指も確認しておこう。

主人は冷たい土の中に（静かに眠れ）

☐ **作曲者**　S. C. フォスター(1826-1864)　「アメリカ音楽の父」とも呼ばれる作曲家。「草競馬」や「おおスザンナ」，「故郷の人々」など，今でも親しまれる多くの愛唱歌を残した。

先生の目

旋律の特徴や強弱の変化と結び付けて，どのように表現を工夫したらよいか書けるようにしておこう。

音楽

☐ **曲について**　1852年に発表された。フォスターは，優しかった主人の死を悲しんでいる人々の姿に感動し，この曲をつくったといわれている。

（日本語詞：武井君子）

① 調名…ハ長調　② 拍子…4分の4拍子

③ 速度…アンダンテ　ゆっくり歩くような速さで

④ メッゾ ピアノ…少し弱く　⑤ メッゾ フォルテ…少し強く

⑥ フェルマータ…その音符(休符)をほどよく延ばして

☐ **楽曲構成**　上の楽譜の各段で，ひとつのフレーズ(旋律の自然なまとまり)となっている。それぞれの旋律を比べてみると，1段目と2段目は類似した旋律，2段目と4段目は全く同じ旋律で，3段目だけが他とは異なっている。また，**フレーズの最後が主音(ハ)で，終わる感じがするのは2，4段目である。**

差がつく

強弱にも注目すると，3段目のみ *mf* となっている。3段目は特に気持ちを込めて演奏したい。

Let's Search For Tomorrow / Edelweiss

レッツ サーチ フォー トゥ モロー　エーデルワイス

Let's Search For Tomorrow

☐ **作詞者** 堀徹　☐ **作曲者** 大澤徹訓

> **先生の目**
>
> 曲全体は大きく5つの部分からなる。各部分の音楽の特徴をとらえ、どう表現したいかを言葉にしよう。

〈譜例〉

（楽譜）
さあ　すばらしいー　あしたをー　さがしにゆこ
う　— Let's　search　for　To-mor-row,___　search for　To-mor-row_____Let's

① mp ② cresc. poco a poco ③ ④ più f

① メッゾ ピアノ…少し弱く
② クレシェンド…だんだん強く★1
③ ポーコ ア ポーコ…少しずつ
④ ピウ フォルテ…今までより強く

★1　cresc. は crescendo の略記。

　〈譜例〉の2小節目には、*cresc. poco a poco*「少しずつ、だんだん強く」とある。また、**旋律に注目すると、似た音型が少しずつ音高を上げながら繰り返される形**になっている。旋律の特徴と強弱の関わりを読み取り、"Let's search for Tomorrow" という歌詞に向けて音楽が盛り上がっていくように、表現を工夫したい。

■差がつく

メッゾ スタッカート
…その音を少し短く切って

☐ **その他の用語**
● *sempre*（センプレ）…常に
● *rit.*（リタルダンド）…だんだん遅く★2
● *a tempo*（ア テンポ）…もとの速さで
● *allarg.*（アッラルガンド）…強くしながら、だんだん遅く★3

★2　rit.は ritardando の略記。

★3　allarg.は allargando の略記。

直前 内申 対策

「Let's Search For Tomorrow」には多くの記号や用語が出てくる。テストに出やすいため，しっかり覚えておこう。「Edelweiss」は，曲の背景や歌詞に込められた思いも押さえておきたい。

Edelweiss

□ **作詞者** オスカー・ハマースタイン２世(1895-1960)
　　　　　出身：アメリカ

□ **作曲者** リチャード・ロジャーズ(1902-1979)
　　　　　出身：アメリカ

□ **曲について** ミュージカル「**サウンド オブ ミュージック**」の中の１曲。エーデルワイスとは，主にヨーロッパの**アルプス地方**で見られる高山植物のこと(和名：セイヨウウスユキソウ)。

先生の目

「サウンド オブ ミュージック」のあらすじと，この歌が歌われる背景をチェックしよう。劇中ではギターの弾き語りによって歌われ，歌詞には花の描写とともに，登場人物であるトラップ大佐の，祖国オーストリアへの思いが込められている。

音楽

EDELWEISS Lyrics by Oscar Hammerstein Ⅱ Music by Richard Rodgers
©1959 by Richard Rodgers and Oscar Hammerstein Ⅱ
Copyright Renewed
WILLIAMSON MUSIC owner of publication and allied rights throughout the world
International Copyright Secured All Rights Reserved

E - del - weiss, E - del - weiss, Ev - 'ry morn-ing you greet me.

Small and white, Clean and bright, You look hap-py to meet me.

Blos - som of snow, may you bloom and grow, Bloom and grow for - ev - er.

E - del - weiss, E - del - weiss, Bless my home-land for - ev - er.

① 調名…**ハ長調** ハ(C)の音が主音の長調。

② 拍子…**4分の3拍子** 4分音符(♩)を1拍とし，3拍で小節を区切る拍子。

③ 速度…**モデラート** 中くらいの速さで

④ **メッゾ ピアノ**…少し弱く　⑤ **ブレス(息つぎ)の記号**

⑥ **クレシェンド**…だんだん強く　⑦ **メッゾ フォルテ**…少し強く

⑧ **デクレシェンド**…だんだん弱く

差がつく

英語の歌詞の発音

・happy…「エ」の形に口を開き，「ア」と発音する。

・blossom…「オ」の形に口を開き，「ア」と発音する。

23

春 —第1楽章—／魔王 —Erlkönig—

春 —第1楽章—

- ☐ **作曲者** <u>アントニオ・ヴィヴァルディ</u>(1678-1741) バッハやヘンデルらと並び，バロック時代を代表する作曲家。イタリアのベネツィア出身。多くの協奏曲を作曲し，「協奏曲の父」と呼ばれることもある。

- ☐ **曲について** 12の協奏曲からなる協奏曲集「<u>和声と創意の試み</u>」の第1番(第1番から第4番が「<u>四季</u>」と総称されている)。独奏ヴァイオリンと弦楽合奏に加え，<u>通奏低音</u>という<u>即興的な低音</u>パートがチェンバロによって演奏される。また「四季」には，「春」(第1曲)，「夏」(第2曲)，「秋」(第3曲)，「冬」(第4曲)のそれぞれに，<u>ソネット</u>という**14行からなる詩**が添えられている。

- ☐ **リトルネッロ形式** バロック時代に多用された形式で，**全員で合奏する**<u>リトルネッロ部</u>(譜例A)と，**独奏または少人数で演奏する**<u>エピソード部</u>(譜例B〜E)が交互に現れる。

> **差がつく**
>
> **バロック時代**
> 16世紀末から18世紀半ばにかけての時代。器楽が発展し，協奏曲や組曲，フーガなど，様々な様式が確立された。

> **差がつく**
>
> **協奏曲**
> 独奏楽器と合奏によって演奏される器楽曲。のちの時代にも様々な楽器のための協奏曲が生み出された。また，独奏ではなく重奏のための協奏曲もある。

〈譜例〉

A 春がやってきた。

Allegro

B 小鳥たちは楽しい歌で春を迎える。

リトルネッロ部

C そよ風が泉に吹きかかり，泉はささやき流れていく。

リトルネッロ部

D 黒雲が空を覆い，稲妻と雷鳴が春を告げる。

リトルネッロ部

E 嵐が静まると，小鳥たちは再び歌い出す。

リトルネッロ部

どちらも楽譜や歌詞からどの場面・誰のセリフなのかがわかるようにしておこう。「魔王」は，ここでは各人物の場面を抜粋して取り上げているが，できれば教科書などで全体を確認した上で，次第に緊迫していく曲想の変化をつかんでおきたい。

魔王 —Erlkönig—

☐ **作曲者** **フランツ・シューベルト**(1797-1828) オーストリアの作曲家。ウィーン郊外のリヒテンタールに生まれた。31歳の若さで亡くなるまでに **600曲以上**の歌曲(リート)を作曲し，「歌曲の王」とも呼ばれる。

☐ **曲について** ドイツの詩人ゲーテの詩を歌詞に用いたリート。語り手の語りと，父，子，魔王の **3人**の対話で構成されており，それぞれの人物が，旋律や伴奏の雰囲気，強弱の違いなどで歌い分けられる。

■■差がつく

シューベルトは歌曲の他にも，交響曲第7番(「未完成」)やピアノ五重奏曲(「ます」)をはじめ，様々な演奏形態で多くの名曲を残した。西洋音楽史上では，シューベルトはロマン派時代の最初期の作曲家にあたる。

音楽

〈前奏〉 親子を乗せた馬が嵐の中を駆けていく様子。 (原調：ト短調)

〈子〉 魔王がいると，不安げに父に訴える。

おとうさんそこにみえないの まおうがいるこわいーよ

〈魔王〉 優しげな声色で子を誘う。 長調の旋律で語りかける。

かわいいぼうやおいでよおもしろいあそびーをしよう

〈父〉 落ち着いた様子で子をなだめる。

なあにあれはかれはのざわめきじゃ

〈子〉 緊迫した様子で叫ぶ。　　　　　〈語り手〉

おとうさんおとうさんまおうがいま　　　こはすでにいきたえぬ

└─ 曲のはじめより，次第に音が高くなっている。

(日本語訳詞：大木惇夫・伊藤武雄)

9 音楽

雅楽「平調 越天楽」／箏曲「六段の調」

雅楽「平調 越天楽」

雅楽とは

- ●約1300年の歴史をもつ芸能で, 日本に古くからあった歌や舞と, 5〜9世紀に中国や朝鮮半島から伝来した音楽とが融合し, 10世紀頃(平安時代)にほぼ完成した。
- ●宮廷や寺社で行う儀式の音楽として伝えられてきた。
- ●「平調 越天楽」のように楽器のみで演奏するものを管絃という。

> **■く差がつく**
> 平調とは, 日本音楽における調子の1つ。ホ(E)が主音。

雅楽で使われる楽器

●吹物(管楽器)
① 篳篥…主旋律を担当。人間の声を表す。
② 竜笛…装飾された主旋律を担当。竜の声を表す。
③ 笙…和音を演奏。吸っても吐いても音が出る。天の光を表す。

●弾物(弦楽器)
④ 箏(楽箏)…拍を明確にする。
⑤ 琵琶(楽琵琶)…拍を明確にする。

●打物(打楽器)
⑥ 鉦鼓…拍子や旋律の区切りを示す。バチで金属の皿を打つ。
⑦ 太鼓(楽太鼓)…音楽の区切りを知らせる。
⑧ 鞨鼓…開始と終了の合図を出す。指揮者の役割。

> **■く差がつく**
> 管絃は合計16人で演奏する。
> ・吹物…各3人
> ・弾物…各2人
> ・打物…各1人

鑑賞のポイント

- ●指揮者がいないため, 鞨鼓が指揮者の役割を担う。
- ●演奏は竜笛の旋律に始まり, やがて他の楽器が互いに間(間合い)を取りながら加わっていくことが多い。
- ●吹物を習うときは, まず唱歌(口唱歌)で旋律の特徴を覚える。

〈唱歌の例〉

ナ ラ ロ ヲ ル ロ

タ ア ル ラ ア ア

(採譜：中村仁美)

音楽

箏曲「六段の調」

☐ 作曲者 八橋検校(1614-1685) 江戸時代初期の日本で活躍した箏の演奏家で，この曲の作曲者として伝えられている。「平調子」を確立し，箏曲の基礎を築いたとされる。

〈平調子の音階〉　　　　　　　　　　　　　　　　(一をホ音とした場合)

一　二　三　四　五　六　七　八　九　十　斗　為　巾

☐ 曲の構成

初段

二段　　　　　　　　　　　三段

四段　　　　　　　　　　　五段

六段

☐ 箏の各部位の名称

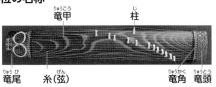

竜甲　　　　　柱

竜尾　　糸(弦)　　　　　竜角　竜頭

☐ 左手を用いた箏の奏法

- **引き色**…右手で弾いたあとに，左手で糸を柱のほうに引き寄せることで音高を半音程度下げ，また戻す。
- **後押し**…右手で弾いたあとに，左手で糸を強く押すことで，音高を全音上げる。
- **押し手**…左手で糸を押して音高を上げる。**後押しとは異なり，音高を上げた状態で弾く。**半音上げる「弱押し」と，全音上げる「強押し」がある。

> **差がつく**
>
> 「検校」は役職の名前。目の不自由な人々が属した組織(箏や琵琶などの演奏やあん摩などの集団)の最高の官位。

> **差がつく**
>
> 箏曲で，いくつかの部分(段)からなる器楽曲を「段物」と呼ぶ。「六段の調」の場合，初段から六段までの6つの段で構成されており，各段は初段を除き全て104拍となっている。

> **差がつく**
>
> 序破急
>
> 日本音楽では速度の様式を指す。もとは雅楽の舞楽における3つの楽章を表す用語だった。ゆっくりとした速度で始まる「序」から，「破」で次第に速くなり，「急」では急速なテンポから，最後は緩やかになって終わるという特徴をもつ。

> **先生の目**
>
> 「六段の調」の曲の構成と，箏という楽器の特徴や奏法とを関わらせてチェックしておこう。

10 フーガ ト短調／交響曲第5番 ハ短調

フーガ ト短調

☐ **作曲者** J. S. バッハ(1685-1750) バロック時代(→ p.42)を代表するドイツの作曲家。**教会や宮廷に仕えるオルガン奏者として活躍**しつつ，様々なジャンルに渡って**1000曲以上**もの作品をつくり上げた。

☐ **フーガ** 楽曲の形式で，イタリア語で「**逃げる**」という意味をもつ。最初に現れる主題と，それに続く応答が追いかけっこのように繰り返され，展開していく。バロック時代の音楽によく用いられた手法だが，のちの時代の音楽家の作品にもしばしば見られる。

☐ **曲について** パイプオルガンのためのフーガ。4つの声部(ソプラノ，アルト，テノール，バス)が重なり合って展開するため，足鍵盤も用いながら，両手両足で演奏される。

☐ **第1部の主題と応答**

ソプラノによる〈主題〉

アルトによる〈応答〉

テノールによる〈主題〉

バスによる〈応答〉

交響曲第5番 ハ短調

☐ **作曲者**　L. v. ベートーヴェン(1770-1827)　ドイツのボンに生まれた作曲家。ハイドンやモーツァルトの音楽にも代表される古典派時代に(→p.43)活躍したが，ロマン派時代への橋渡しを担ったとして，西洋音楽史上でも非常に重要な存在。9つの交響曲や32曲のピアノソナタを順に追っていくと，その音楽性の移り変わりが見て取れる。

☐ **ソナタ形式**　第1楽章と第4楽章は「ソナタ形式」という楽曲形式をもつ。18世紀中頃以降の器楽曲に確立されたもので，提示部，展開部，再現部，コーダ(終結部)という，4つの大きなまとまりをもつ。提示部では2つの主題が順に現れ,その後の「展開」「再現」は，これらの主題をもとになされる。

☐ **第1楽章の構成**

提示部…2つの主題が示される。

第1主題

ff 弦楽器とクラリネット

第2主題
第1ヴァイオリンによる旋律

p dolce
チェロとコントラバスのリズムの動機

展開部…主題が様々に展開される。

クラリネット　第1ヴァイオリン

第2ヴァイオリン　ヴィオラとチェロ

再現部…再び主題が現れ，提示部に似た構成で進行する。

全楽器

ff

コーダ…盛り上がりながら楽章を締めくくる。

■💡〈差〉がつく

曲について

日本でこの作品は「運命」の呼び名で親しまれている。これはベートーヴェンが，この作品のリズムの動機について，「運命はこのように扉をたたく」と語ったとされることに由来する。

■💡〈差〉がつく

交響曲は，ソナタ形式の楽章を含んだ，オーケストラのための曲。多くは4つの楽章で構成される器楽曲であるが，5つ以上の楽章からなるものや，合唱を伴うものなど，様々な例がある。

■💡〈差〉がつく

ある音楽を形づくる最小単位を動機という。ベートーヴェンの「交響曲第5番」の場合は，♪♪♪のリズムの動機に基づいて音楽がつくられているが，例えばブラームスの「交響曲第1番」の場合，「C → C♯ → D」の3音の進行が，動機として作品全体を支配している。

♪ 11 アイーダ／歌舞伎「勧進帳」

音楽

アイーダ

☐ **作曲者** <u>ジュゼッペ・ヴェルディ</u>(1813-1901) 19世紀に活躍したイタリアの作曲家。「アイーダ」のほかにも，「ナブッコ」「リゴレット」「椿姫」「オテロ」「ファルスタッフ」など，多くのオペラ作品を残したことから，「歌劇王」とも称される。

☐ **オペラ（歌劇）** 主に音楽と演劇によって構成される舞台芸術。ほかにも文学，舞踊，美術など，様々な芸術が一つの作品の要素として密接に結びついていることから，<u>総合芸術</u>ともいわれる。音楽は<u>ソリスト</u>が一人で歌う<u>独唱</u>や，複数人で歌う<u>重唱</u>，群衆役の<u>合唱</u>といった歌が中心。通常オーケストラを伴って演奏され，オーケストラが演奏する場所は<u>オーケストラピット</u>と呼ばれる。

☐ **作品の概要**
- ●物語の舞台…古代エジプト
- ●主な人物…アイーダ（<u>ソプラノ</u>），アムネリス（<u>メッゾ ソプラノ</u>），ラダメス（<u>テノール</u>），アモナズロ（<u>バリトン</u>），エジプト王（<u>バス</u>）
- ●あらすじ…エチオピアの王女アイーダは，エジプト王女アムネリスに捕まる身でありながら，彼女の身分を知らないエジプトの将軍ラダメスと恋に落ちる。アムネリスもまたラダメスに恋心を寄せている中，アイーダは祖国と禁断の恋との間で苦しむ。

☐ **第2幕 第2場「凱旋行進曲」** 戦いに勝利したエジプト軍が行進するシーンで演奏される。下の楽譜の旋律を演奏するトランペットは，独特な長い形をしており，「<u>アイーダトランペット</u>」とも呼ばれる。このシーンでアイーダは，捕虜となった父アモナズロ（エチオピア王）と再会するが，エジプト王によりラダメスをアムネリスと結婚させることが宣言され，絶望する。

↑アイーダトランペット

■♪ **差がつく**

アリア
劇中で歌われる旋律的な独唱曲は<u>アリア</u>と呼ばれ，ソリストの聴かせどころとなる。

■♪ **差がつく**

オペラで有名なほかの作曲家と，その代表作品もおさえておくとよい。
プッチーニ（イタリア）：
「蝶々夫人」「トスカ」
「トゥーランドット」など
ワーグナー（ドイツ）：
「タンホイザー」
「ローエングリン」
ビゼー（フランス）：
「カルメン」

どちらも舞台芸術であるため，上演する舞台の構造などは頻出。あわせて，オペラと歌舞伎それぞれの特徴と，授業で取り上げられた作品のあらすじや登場人物も押さえておこう。

歌舞伎「勧進帳」

☐ 歌舞伎とは
- ●江戸時代に発展した日本の伝統芸能。1603年の，出雲のお国による「かぶき踊」が起源だといわれている。
- ●「歌」は音楽，「舞」は舞踊，「伎」は演技を表し，歌舞伎はこれらが融合した総合芸術である。
- ●歌舞伎に用いられる音楽には，「長唄」「義太夫節」「常磐津節」「清元節」という種類がある。これらはいずれも三味線による伴奏を伴う。「勧進帳」の音楽は長唄。

差がつく

長唄は，唄と三味線に，小鼓，大鼓，太鼓，笛(能管)による囃子が加わって演奏される。

音楽

☐ 歌舞伎の舞台
① 黒御簾…情景を表す音楽や，効果音などを演奏する場所。

② 廻り舞台…この上にセットを載せて回転する。場面転換などに使用。

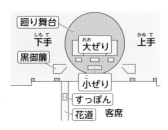

③ せり／④ すっぽん…ここが上下することで，セットを動かしたり，役者が出入りしたりする。

⑤ 花道…客席の後ろまで延びる通路。物語の見せ場で役者が出入りしたり，演技や踊りを披露したりする場。

先生の目

舞台の各部の名前は頻出。それぞれの役割とあわせて覚えておこう。

差がつく

黒御簾で演奏される音楽は，「黒御簾音楽」または「下座音楽」と呼ばれる。

☐ 歌舞伎「勧進帳」
- ●作者…三世 並木五瓶　　●作曲者…四世 杵屋六三郎
- ●あらすじ…不仲になった兄頼朝から逃れ，武蔵坊弁慶と4人の四天王とともに奥州平泉(岩手県)を目指す源義経一行。山伏と呼ばれる修行僧と，荷物持ちの強力に変装していた一行であったが，安宅(石川県)の関所にさしかかったとき，彼らを捕まえようと待ち構えていた関守・富樫左衛門らと対峙する。
- ●「延年の舞」…無事に関所を通過した一行に，再び現れた富樫が酒をふるまう。酒に酔った弁慶は，お礼に「延年の舞」という舞を披露する。

差がつく

六方(六法)
手足を大きく動かす歌舞伎独特の歩き方で，退場の際に用いられる。
延年の舞を舞ったあとに，先に行かせた義経たちを追いかける弁慶が見せる六方は，「飛び六方」と呼ばれる。

12 夢の世界を／帰れソレントへ

音楽

夢の世界を

☐ **作詞者** 芙龍明子（ふりゅうあきこ）　☐ **作曲者** 橋本祥路（はしもとしょうじ）

① **調名**…ハ長調　② **拍子**…8分の6拍子

③ **速度**…1分間に ♪.（＝8分音符3つ分）を84〜92打つ速さ。

④ **メッゾ フォルテ**…少し強く　⑤ **クレシェンド**…だんだん強く

⑥ **フォルテ**…強く

差がつく

反復記号→ p.13

rit.（リタルダンド）…だんだん遅く

♩（テヌート）…その音の長さをじゅうぶんに保つ

a tempo（ア テンポ）…もとの速さで

　前半Aの強弱は *mf* であるが，後半Bは直前のクレシェンドを経たあと，*f* で始まる。また，Aは全パートが同じ音を歌う<u>ユニゾン</u>であるのに対し，Bはソプラノ，アルト，男声に分かれる。強弱の変化に加え，3つのパートが重なり合うことで，Bはより豊かな響きが生まれる。

　さらにAとBそれぞれの伴奏（ばんそう）にも注目すると，なめらかに流れるようなAの伴奏から変化し，Bではより拍（はく）を感じさせるような伴奏となっている。

どちらの曲も，途中で曲想が変化する。楽譜から読み取れる変化と，もたらされる響きや雰囲気の変化との関わりを確認しよう。基本的な用語やカンツォーネというジャンルについても要チェック。

帰れソレントへ

☐ **作詞者** G.B. デ クルティス(1860-1926)

☐ **作曲者** E. デ クルティス(1875-1937) 作詞者の弟

☐ **曲について** カンツォーネと呼ばれるナポリ(イタリア)の民謡。
ソレントは**イタリアの町**で，**ナポリ湾**に面する美しい場所として知られる。歌詞の原語は**ナポリ語**で，主にイタリアの一部で話される言語ではあるが，標準的なイタリア語とはやや異なる。

■◀差がつく
一般的に日本でカンツォーネと言うときは，「帰れソレントへ」や「サンタ ルチア」のような，19世紀後半から20世紀初頭につくられた「カンツォーネ ナポレターナ(ナポリ風の歌)」のことを指す。

ハ短調からハ長調へと転調している。

※日本語の訳詞は芙龍明子による。

① 拍子…4分の3拍子 ② ブレス(息つぎ)の記号
③ リタルダンド…だんだん遅く ※*rit.*は*ritardando*の省略形
④ ア テンポ…もとの速さで

ハ短調(原曲：ホ短調)で始まるが，上の楽譜の8小節目で**ハ長調**(原曲：ホ長調)に転調する。以降もこの2つの調で転調を繰り返し，1番だけで計4回の転調が見られる。ハ長調とハ短調のように，同じ音を主音(→ p.10)とする調の関係を，「同主調」という。

先生の目
短調と長調で，曲の雰囲気にどのような違いがあるかな。また，速度や強弱の変化も全体を通して確認しておこう。

☐ **その他の記号**

フェルマータ
𝄐 …その音符(休符)をほどよく延ばして

アクセント
♩ …その音を目立たせて，強調して

13 音楽

ブルタバ（モルダウ）／尺八楽「巣鶴鈴慕」（しゃくはちがく そうかくれいぼ）

ブルタバ（モルダウ）

☐ **作曲者** **B. スメタナ**(1824-1884)　チェコを代表する作曲家。プラハでピアノと作曲を学んだのち，指揮者や作曲家として活躍した。当時オーストリア＝ハンガリー帝国の統治下にあった祖国チェコへの思いから，その伝統に根ざした作品を数多くつくり，「チェコ国民音楽の父」とも呼ばれ親しまれている。

☐ **曲について**　連作交響詩「我が祖国」の第2曲。スメタナは，ブルタバ（モルダウ）の川の流れに沿って移り行く情景を音楽に表すことで，祖国の姿を描いた。

第1の源流

第2の源流

★ブルタバを表す旋律（せんりつ）

森の狩猟（しゅりょう）

農民の結婚式（けっこん）

月の光，水の精の踊り（おど）（フルート）

月の光，水の精の踊り（ヴァイオリン）

（★ブルタバを表す旋律）

聖ヨハネの急流

（★ブルタバを表す旋律）

ビシェフラトの動機

■差がつく

交響詩

19世紀半ばからつくられるようになった，文学的・絵画的な内容を表現するオーケストラのための曲。交響詩という呼び名はF.リストに由来する。シベリウス「フィンランディア」，レスピーギ「ローマの松」なども有名。

■差がつく

国民楽派

19世紀半ばから20世紀にかけてヨーロッパでおこった，国や民族の文化的伝統を重んじ，作品の要素として取り入れた音楽を目指した音楽家たち。チェコのスメタナやドヴォルザーク，ロシアのムソルグスキー，フィンランドのシベリウスなど。

先生の目

それぞれの場面の情景や曲想と，音楽の特徴とがどのように関わっているかな。また，作品の背景や，作曲者のどのような思いが込められているのかもチェックしておこう。

★1　プラハに位置する，ブルタバのほとりの丘のことで，かつて王城が築かれていた。動機は第1曲「ビシェフラト」から引用されている。

「ブルタバ」は，曲の構成とともに，作曲の背景や作曲者の思いについても押さえておこう。尺八楽は，楽器の特徴や基本的な奏法が重要。あわせて，授業で取り上げられた曲について確認しておくとよい。

尺八楽「巣鶴鈴慕」

□ **曲について** 琴古流本曲のひとつで，作曲者は不明。曲を構成する12の段を通じて，親鶴の出会いから，雛鶴の成長と巣立ちを経て，そして母鶴の死までを音楽で表しているとされる。

□ **尺八** 日本の伝統的な管楽器。竹でできており，その標準的な長さが一尺八寸(約55cm)であることが名前の由来といわれている。息を吹き入れる歌口のほかに，指で押さえる5つの指孔がある。基本となるのは次の6つの音であるが，**吹き方や指孔の閉じ加減でも音高を変えられるため，実際の音域はより幅広い。**

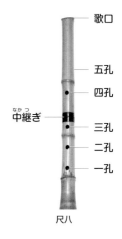

- 歌口
- 五孔
- 四孔
- 中継ぎ
- 三孔
- 二孔
- 一孔

尺八

〈基本の音〉　　　　〈音域〉

□ **尺八の奏法**
- ●**スリ上げ**…閉じた指孔を徐々に開けることで，音を高くする。
- ●**コロコロ**…一孔と二孔を交互に開閉し，2つの音を素早く交互に鳴らす。
- ●**タマネ**…舌か喉を震わせながら吹くことで，音色も震えたようなものになる。

□ **「メリ」と「カリ」** 顎の向きを変えることによって，音高を変化させることもできる。
- ●**メリ**…顎を引いて歌口を唇で狭くすることで，**音高を下げる。**
- ●**カリ**…顎を出して歌口を広く開けることで，**音高を上げる。**

メリ　　　　カリ

■差がつく

江戸時代，修行として尺八を吹きながら各地を回る，「虚無僧」と呼ばれる僧侶たちがいた。琴古流本曲とは，虚無僧であった初世黒沢琴古が，各地で集めてきた尺八の曲をまとめたもの。

先生の目

尺八の基本的な奏法は押さえておこう。中でも特徴的な「メリ」「カリ」は頻出。

音楽

14 音楽 能「羽衣」／大地讃頌

能「羽衣」

□ 能とは

- ●室町時代に観阿弥・世阿弥の親子によって完成された日本の伝統芸能。音楽，舞踊，演劇の要素をあわせもつ。
- ●当時の言葉で書かれた詞章を，「謡」によって表現する。

□ 演者と演奏者

- ●シテ…主役の演者。人間以外の存在を演じることも多く，現実に生きる男性を演じる場合を除き，原則として「面」をかける。
- ●ワキ…シテの相手役として，シテの謡や舞を引き出す。面をかけない「直面」で，僧侶や武士といった生きた男性を演じる。
- ●アイ…狂言の役者が演じる役。シテの歴史や伝説などを語る。
- ●地謡…通常8人編成で並んで座り，シテの演技に合わせて，物語や心情，情景を謡う。後列中央のリーダーを「地頭」という。
- ●囃子…小鼓，大鼓，太鼓，笛(能管)で編成される楽器隊。4つの楽器を総称して「四拍子」とも呼ぶ。

□ 能舞台

① 橋掛り…演者が出入りする通路であり，演技をする場でもある。

② 後座…囃子が演奏する場所。向かって左奥には，演者のサポートをする「後見」が座る。

③ 地謡座…地謡が並んで座る場所。

④ 目付柱…演者は面をつけることで視野が狭くなるため，この柱を目印にして演技を行う。

鏡の間／シテ柱／橋掛り／鏡板／切戸口／後座／揚幕／三ノ松／二ノ松／一ノ松／笛柱／地謡座／本舞台／ワキ柱／客席／目付柱

□ 能「羽衣」
松の木にかかった美しい衣を見つけた漁師の白竜(ワキ)。それを持ち帰ろうとしたところ，持ち主である天人(シテ)が現れ，返してほしいと懇願する。返すかわりに天界の舞が見たいと白竜が頼むと，天人は舞を舞い，そして天界へと帰っていった。

差がつく

能と狂言

能と同じ舞台で演じられる劇として，「狂言」がある。主にセリフと演技による笑いの劇で，多くは能と交互に上演される。能と狂言を総称して「能楽」と呼ぶ。

差がつく

昔は，ほとんどの能舞台が野外にあった。そのため現代の屋内にある能舞台でも，舞台そのものに屋根がついていたり，周りに小石が敷かれていたりする。

差がつく

面にも様々あり，演じる役によって使い分けられる。

小面…若い女性
十六…若い男性
般若…女性の怨霊
大癋見…天狗　など

また，喜びを表すときには面をやや上に向けたり(テラス)，悲しみを表すときにはやや下に向けたり(クモラス)と，演者は面の角度を変えることで人物の感情を様々に表現する。

直前

内申対策

能で使われる楽器や舞台の名前，シテ・ワキ・アイといった役はとくに覚えておこう。「大地讃頌」は，生き生きと変化する強弱が音楽の構成にとって重要。各所で用いられている記号を確認しよう。

大地讃頌

□ **作詞者** 大木惇夫（おお き あつ お）　□ **作曲者** 佐藤眞（さ とう しん）

□ **曲について** 全7楽章からなるカンタータ「土の歌」の終曲（第7楽章）。混声四部合唱で歌われ，原曲ではオーケストラとともに演奏される。曲名の「讃頌」とは，「ほめたたえる詩」という意味。

■■差がつく

カンタータ
器楽や管弦楽による伴奏（ばんそう）の付いた声楽曲。合唱だけでなく，独唱や重唱で歌われるものもある。

音楽

③④
Grandioso ♩=76

①②
は　は　な　る　だ　い　ち　の　ふ　と　ー　こ　ろ　に

① **調名**…ロ長調　② **拍子**…4分の4拍子

③ **グランディオーソ**…壮大（そうだい）に

④ **速度**…1分間に♩を76回打つ速さ。

⑤⑥
poco a poco cresc.

⑦
おん　ちょう　の　ゆ　た　か　な　ゆ　た　か　な　だ　い　ち
 maestoso
われ　ら　ー　ひ　と　の　こ　の　われ　ら　ー　ひ　と　の　この

⑤ **ポーコ ア ポーコ**…少しずつ　⑥ **クレシェンド**…だんだん強く

⑦ **マエストーソ**…荘厳（そうごん）に

　直上の楽譜（がくふ）の部分では，女声（ソプラノ・アルト）の強弱がフォルテであるのに対し，男声（テノール・バス）はフォルティッシモとなっている。ここでは**男声パートの旋律（せんりつ）が主旋律**であり，特に聴（き）かせるようにしたい。

□ **その他の記号**

ダブルシャープ

𝄪 …半音2つ分上げる

フォルティッシッシモ

𝆑𝆑𝆑 …𝆑𝆑よりさらに強く

先生の目

この曲の構成には強弱が深く関わっている。楽譜にある強弱記号を覚えるだけでなく，歌詞や，全体の重なりの中での各パートの役割と関わらせて，表現の工夫について思いをもてるようにしたい。（強弱記号→ p.13）

15 音楽 民謡・郷土芸能

日本の民謡と郷土芸能

民謡

- 南部牛追唄(岩手県)…「牛方」と呼ばれる，牛を使い荷物を運ぶ人たちが歌っていた歌から生まれた仕事歌。
- 伊勢音頭(三重県)…「木遣り歌」という，山から木を運ぶときの仕事歌がもとになって生まれた座興歌。1人が最初に歌い，それに続いて全員で歌う，「音頭一同形式」の曲。
- 谷茶前(沖縄県)…漁村ののどかな暮らしを歌った踊り歌。旋律は，「沖縄音階」という伝統的な音階でできている。多くの場合，三線が伴奏に用いられる。

民謡を特徴づける要素

- 節回し…旋律の上がり下がり，抑揚，装飾を指す。
- コブシ…即興的に付けられる細かい音の動きやその発声技法。
- 囃子詞…歌の前後や合間に挟まれる短い言葉や掛け声。

郷土芸能

- 天神祭…菅原道真を祀る各地の天満宮や天神社で行われる祭礼。中でも大阪天満宮(大阪府)の天神祭は，東京都の神田祭，京都府の祇園祭と並び，日本の三大祭に数えられる。
- 備中神楽(岡山県)…荒神と呼ばれる，その地で信仰される神様を鎮めるための歌や舞。様々な演目があり，中でも「大蛇退治」が有名。国の重要無形民俗文化財に指定されている。

↑「大蛇退治」

- 阿波おどり(徳島県)…400年以上の歴史をもつとされる盆踊り。「連」と呼ばれる50～200人の集団になって町を踊り歩く。

直前
内申対策

ここで取り上げるものは，地域の数ほどある様々な音楽・芸能のほんの一部にすぎない。授業で取り扱ったものは絶対に覚えておこう。他にも有名なものや，自分の住む地域の民謡・芸能は特に押さえておきたい。

世界の諸民族の音楽

諸民族の民謡・芸能

● オルティンドー…モンゴルの民謡。拍(はく)のない自由なリズムと，コブシのような節回しが特徴的。モリンホール(馬頭琴(ばとうきん))という弦楽器や，リンベと呼ばれる笛が伴奏に用いられることもある。

● ガムラン…インドネシアに伝わる音楽。金属でできた打楽器を中心とした器楽合奏であるが，地域によっては声楽と組み合わさったり，声楽が中心になったりもする。5つの音からなる「五音音階」が基本になっているという点は，日本の民謡に近い。

● 京劇(ジンジュ)…中国の歌舞劇。物語は「歌」「セリフ」「しぐさ」「立ち回り」という要素が組み合わさりながら展開し，演者は役柄(やくがら)に応じて地声と裏声を使い分け，セリフを表現する。

諸民族の伝統楽器

● カヤグム…朝鮮半島に伝わる弦楽器で，12本の弦をもつ。日本の箏(そう)に似ているが，カヤグムは爪(つめ)を使わず，右手の指(親指，人さし指，中指)で弦をはじいて演奏する。

● ツィンバロム…ロマニー(ロマ)と呼ばれるヨーロッパの少数民族の音楽で使用される弦楽器。大きな箱に張った弦を，ばちで叩(たた)いて演奏する。ピアノの祖先となる楽器。

● タブラー…北インドの打楽器。2つで1セットの太鼓(たいこ)で，高音の右手側は「タブラー」，低音の左手側は「バーヤ」と呼ばれる。タブラーの胴は木で，バーヤの胴は金属でできており，また，紐(ひも)の張り方や皮に塗(ぬ)るものによって，様々な音高や音色を出すことができる。「ボール」という唱歌(しょうが)を用いて習得する。

● ケーナ…南アメリカのアンデス地方の民族楽器。日本の尺八に似た形・構造の笛で，主にフォルクローレという民族音楽の演奏で用いられる。

↑モリンホール

↑カヤグム

↑ツィンバロム

↑バーヤ(左)とタブラー(右)

↑ケーナ

16 日本音楽史

古墳時代以前

- 出土品や「古事記」「日本書紀」などの史料から，縄文・弥生〜古墳時代にはすでに「フエ」「コト」「ツヅミ」などの楽器や，単純な歌舞は存在していたと考えられている。
- 朝鮮半島から訪れた音楽家が，歌や舞を演じたという記録も残されている。

飛鳥〜奈良時代

- 舞楽や楽器などが，中国や朝鮮半島から次々に輸入される。
- 雅楽寮という，朝廷の音楽や，その演奏者の育成を司る役所が設立される。
- 「声明」と呼ばれる仏教における声楽などが，東大寺の大仏開眼供養会で披露される。

平安時代

- ☐ **雅楽** 大陸由来の舞楽が右舞と左舞に再編される，管絃(→ p.26)が確立するなど，**日本独自の雅楽の様式が発展していく。**
- 右舞…音楽には朝鮮半島を起源とする「高麗楽」が用いられ，**緑色系統の装束**を身に着けて舞う。
- 左舞…音楽には中国を起源とする「唐楽」が用いられ，**赤色系統の装束**を身に着けて舞う。

鎌倉時代

- 琵琶法師と呼ばれる僧形の芸能者が，琵琶の伴奏とともに「平家物語」などを語って歩く。

室町〜安土・桃山時代

- ☐ **能** 観阿弥・世阿弥の親子が能(→ p.36)を完成させる。
- ☐ **楽器** 中国の二弦が琉球を経由し，本土に伝わる。やがて二弦は，琉球では三線，本土では三味線として独自の発展を遂げる。

↑銅鐸

銅鐸もまた，楽器として使用されていたという説がある。

＜差＞がつく

「雅楽」とひとくくりに言っても，その中には中国や朝鮮半島から渡来した舞楽や，それらの楽器を伴奏に用いた独自の音楽，日本古来の舞楽など，様々な様式を含む。

↑三弦

直前 内申対策 本書で詳しく取り上げたものをはじめ，各ジャンルの成立した時代を押さえておこう。それまでの音楽や芸能を受け継ぎ発展させながら新たな様式が確立され，ジャンルを超えた共通点が見られる場合も多い。

江戸時代初期

☐ **歌舞伎** 出雲のお国が京都で演じた「かぶき踊」を起源に，歌舞伎(→ p.31)が発展していく。

☐ **箏曲** 八橋検校の登場により，箏曲(→ p.27)の基礎ができる。

☐ **文楽** 大坂(現在の大阪)で竹本義太夫が，文楽(人形浄瑠璃)の小屋として竹本座を創設する。

江戸時代中期

☐ **箏曲** 生田検校が生田流箏曲を京都で創始する。

☐ **文楽** 文楽が大流行する。

☐ **尺八楽** 虚無僧の初世黒沢琴古により，琴古流尺八(→ p.35)の基礎ができる。

☐ **歌舞伎** 歌舞伎音楽のひとつの常磐津節が江戸で誕生する。

江戸時代後期

☐ **箏曲** 山田検校が山田流箏曲を江戸で創始する。

☐ **歌舞伎** 歌舞伎音楽のひとつの清元節が江戸で誕生する。

☐ **長唄** 18世紀前半に成立した長唄が，その全盛を迎える。

明治～昭和初期

● 西洋音楽が続々と輸入され，日本人作曲家による西洋的な歌曲や唱歌が数多くつくられる。

● 江戸時代後期に生まれた薩摩琵琶の流行や，都山流尺八の創始などが起こる一方で，日本の伝統音楽の作品にも西洋的な手法が取り入れられるようになる。

● ラジオやレコードとともに，各地の民謡や歌謡曲が広まり始める。

■差がつく

太夫による語りと三味線によって演奏される音楽を「浄瑠璃」という。
浄瑠璃の一派である義太夫節と，人形劇が一体となった文楽(人形浄瑠璃)が，江戸時代の庶民の人気を得た。

音楽

■差がつく

明治～昭和初期に活躍した主な作曲家
・滝廉太郎…「荒城の月」「花」
・中田章…「早春賦」
・山田耕筰…「赤とんぼ」
・成田為三…「浜辺の歌」
・宮城道雄…箏曲「春の海」
など

41

17 西洋音楽史

音楽

古代ギリシャ

- ☐ **語源** 紀元前から古代ギリシャには「ムーシケー」という言葉があった。これは "Music"（ミュージック）の語源となるが，**音楽だけでなく詩や舞踊も包括する**概念である。
- ●音楽と演劇が一体となった，悲劇や喜劇が上演されていた。
- ●楽器には「アウロス」と呼ばれる笛や，「キタラ」や「リラ」といった弦楽器があった。

↑アウロスを持つエウテルペ（バトーニ「アポロ，音楽，韻律」より）

中世

- ●**教会で音楽が発展**する。カトリック教会で歌われる単旋律の「グレゴリオ聖歌」や，そこに新たな声部を加えて多声化した「オルガヌム」や「モテット」が生まれる。

ルネサンス

- ●音楽理論や作曲手順が変化し，**より均整のとれた多声音楽が生み出される**。
- ●印刷技術の発達により，**楽譜が広く流通する**ようになる。
- ●宗教改革が起こり，ルター派の教会では「コラール」というドイツ語の賛美歌が歌われるようになる。
- ●一方，この時代の多声音楽が歌詞をないがしろにしているとして，古代ギリシャ悲劇の研究とともに，言葉を大切にした歌の様式を確立しようとする動きもあった。これがオペラの誕生につながる。

> ■・〈**差**〉がつく
>
> 「ルネサンス」とは，古代ギリシャなどの古典文化の復興を試みる動き，またはその動きが盛んになった時代のことで，西洋音楽史においては 15 ～ 16 世紀頃を指す。

バロック

- ☐ **バロック時代** 西洋音楽史では，オペラ（→ p.30）が誕生した 16 世紀末から 18 世紀半ばにかけての間を，バロック時代と呼ぶ。
- ●**器楽が発展**し，協奏曲（→ p.24）や組曲，フーガ（→ p.28）など，様々な様式が確立される。
- ●オペラをはじめ，カンタータ（→ p.37）やオラトリオといった，**声楽と器楽が一体となった音楽**も多く作られるようになる。
- ●教会だけでなく，**宮廷でも音楽が盛んに演奏される**ようになる。

> ■・〈**差**〉がつく
>
> バロックの主な作曲家
> ・ヴィヴァルディ…「四季」
> ・ヘンデル オラトリオ「メサイア」
> ・J.S. バッハ…「ブランデンブルク協奏曲」
> など

時代区分は，その時代の音楽の特徴（とくちょう）とセットで覚えよう。また，本書で取り上げた作曲家以外にも，有名な人物とそれぞれの代表作品はチェックしておこう。文字で覚えるだけでなく，実際に聴（き）いて雰囲気（ふんいき）を感じ取ることも理解の助けとなる。

古典派

- [ ] **古典派**　おおよそ 18 世紀中頃から 19 世紀初頭までの間を，西洋音楽史では古典派の時代と呼ぶ。
  - ●複数の旋律を重ねる多声音楽から移行し，**主旋律と伴奏（ばんそう）からなる，和声音楽（ホモフォニー）が主流**となる。
  - ●ソナタ形式（→ p.29）による作品が数多くつくられる。
  - ●宮廷や教会のものだった音楽が，徐々（じょじょ）に市民へと開かれていく。

ロマン派

- [ ] **ロマン派**[1]　19 世紀に入ると，人間の内面や感情をより自由に表現しようとする，ロマン派の時代に突入する。
  - ●物語や風景，歴史上の出来事など，**音楽以外のものを題材（ひょうだい）とした標題音楽が数多くつくられる**。交響詩（こうきょうし）（→ p.34）もその 1 つ。
  - ●19 世紀後半には，ロマン派の新しい音楽に対抗して，伝統的な形式の音楽に立ち返ろうとする，「新古典主義」の作曲家も現れた。
  - ●民族的な色合いの強い作品も多くなっていき，その流れから，「国民楽派」（→ p.34）と呼ばれる作曲家たちが活躍（かつやく）した。

近現代（20 世紀）

- [ ] **印象主義**　20 世紀初頭のフランスでは，独特な色彩をもつ音楽が生まれた。
- [ ] 20 世紀初頭，オーストリアのシェーンベルク（のちにアメリカに帰化）を筆頭に，「十二音技法」を用いた**無調の音楽**など，全く新しい創作を試みる作曲家が現れ始める。
- [ ] 録音した身の回りの音を切り貼（は）りしてつくる「ミュージック コンクレート」や，電子音を用いた音楽が生み出されるようになる。
- [ ] アメリカのケージによる実験的な音楽をはじめ，音高やリズムなどが従来のような楽譜で決定されるのではなく，それらが演奏の場で偶然的（ぐうぜん）に生み出されるような音楽への関心が高まる。
- [ ] ジャズやブルース，ロックといった，**黒人発祥（はっしょう）の音楽を起源とした**ジャンルが広く人気を博すようになる。

■■ **差**がつく

古典派の主な作曲家
- ・ハイドン…交響曲第 94 番（「驚愕（きょうがく）」）
- ・モーツァルト…「アイネ クライネ ナハトムジーク」
など

★1　時代区分としてロマン派の時代と呼ばれるが，様式は画（かく）一的なものではなく，作風や音楽に対する思想も作曲家によって様々だった。

■■ **差**がつく

ロマン派の主な作曲家
- ・シューベルト…リート「野ばら」
- ・ショパン…「幻想即興曲」
- ・ワーグナー…楽劇「ニーベルングの指環（ゆびわ）」
- ・ブラームス（新古典主義）…「ハンガリー舞曲」
- ・スメタナ（国民楽派）…連作交響詩「我が祖国」
- ・ドビュッシー（印象主義）…「ベルガマスク組曲」
など

■■ **差**がつく

20 世紀の主な作曲家
- ・シェーンベルク…歌曲集「月に憑かれたピエロ」
- ・ストラヴィンスキー…バレエ音楽「火の鳥」
- ・ショスタコーヴィチ…交響曲第 5 番
- ・ケージ…「4分33秒」
など

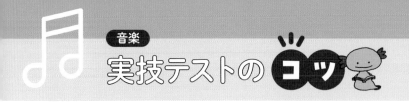

実際にあった実技テスト一覧

- □**楽器**：アルトリコーダーの指使い〔→ ❶〕

  アルトリコーダーで課題曲を演奏する〔→ ❶〕

  ギターで課題曲を演奏する，琴で課題曲を演奏する

  ドラムを演奏する

- □**歌**：校歌のテスト〔→ ❷〕

  合唱コンクールの歌唱テスト〔→ ❸〕

  習った曲の歌詞の筆記テスト

- □**リズム**：リズムを作ってそれに合わせて踊る，リズムに合わせて手をたたく

- □**鑑賞**：授業で習う音楽を聴いて感想を書く〔→ ❹〕

  芸術鑑賞教室で聴いた音楽の感想を書く

  自分たちの地域の郷土の民謡を聞き，感想を書く

---

❶ アルトリコーダー

➡指定された音を出す，課題曲を演奏する

ポイント 高い音がきちんと出せるかどうか見る先生が多い。うまく出せない音は，実技テストの前に何度も練習してきれいな音を出せるようにしておこう。

---

❷ 校歌

➡校歌を歌う

ポイント 中学1年生の最初の課題として出されることが多いよ。まずは歌詞を覚えよう。ペーパーテストでも，校歌の歌詞の一部を答える問題や，中には歌詞全部を正しく書かせる学校もあるみたい。

3 合唱

➡合唱コンクールの課題曲を歌う

ポイント 合唱で大切なのは，姿勢・表情・声量。同じパートの友達と練習をしよう。

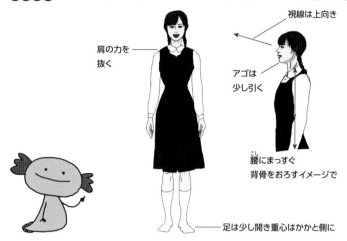

肩の力を抜く

視線は上向き

アゴは少し引く

腰にまっすぐ背骨をおろすイメージで

足は少し開き重心はかかと側に

4 鑑賞

➡音楽を聴いて感想を書く

ポイント 「どんな部分が，どんな風に感じられたか」をしっかりと言葉で書こう。「どんな風に感じられたか」は，「幼いころの記憶を思い出して，懐かしい感じがした」や「陽気なリズムに，思わず手拍子をしたくなった」など，具体的に例えや感情を説明するとよい。

✧内申点アップ↗のコツ✧

●普段の授業でも授業態度が見られている。歌の授業では口を大きく開けてしっかり声を出し，楽器の演奏はたくさん練習をして，積極的に授業に参加しよう。

●音楽は，先生によっては楽譜などのプリントをたくさん配布する場合がある。配布された楽譜はファイルに入れて，授業中に先生が話したポイントを書き込んでおくとよい。枚数の多い楽譜は，ホチキスで端を止めて，製本テープで背を留めると使いやすい。

●音楽関係の習い事をしている人や音楽が得意な人は，合唱コンクールの伴奏や指揮をしたり，授業中に近くの席の子をサポートしたりすることで，先生からの高評価が期待できる。

色

☐ 色の種類
- ●無彩色…色味がなく，明度だけの色。白・灰色・黒。
- ●有彩色…色味のある，無彩色以外のすべての色。

☐ 色の三属性
- ●色相…有彩色の色みの違い（色合い）のこと。
- ●明度…色の明るさの度合い。
- ●彩度…色の鮮やかさの度合い。

☐ 三原色
- ●色料の三原色…減法混色 ★1
  - ①マゼンタ（赤紫）
  - ②シアン（緑青）
  - ③イエロー（黄）

- ●色光の三原色…加法混色 ★2
  - ①レッド（黄みの赤）
  - ②グリーン（緑）
  - ③ブルー（紫みの青）

☐ 色相環　有彩色を色相が近い順に並べて環の形にしたもの。
- ●補色…色相環の反対側にある色同士の関係。

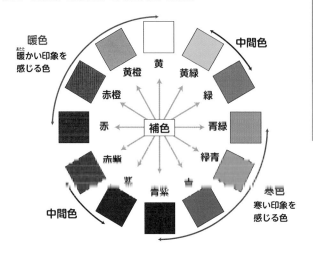

暖色
暖かい印象を
感じる色

中間色

黄橙　黄緑
赤橙　　　緑
赤　　補色　青緑
赤紫　　　緑青
紫　　青緑
青紫

寒色
寒い印象を
感じる色

中間色

★1　減法混色
3色を混ぜると明度が低くなる。

★2　加法混色
3色を混ぜると明度が高くなる。

差がつく

有彩色の分類
①純色…各色相の中で最も彩度の高い色
②明清色…純色に白を混ぜた色
③暗清色…純色に黒を混ぜた色
④濁色…純色に白と黒を混ぜた色。中間色ともいう

直前

内申対策

色相環はアナログ時計を見ながら，12時の位置は黄色，1時の位置は黄緑，2時の位置は緑，…6時の位置は青紫，…と覚えておくと，試験本番に穴埋め問題が出た際にイメージしやすい。

□ **色の調子**　同じ色相の中でも，冴えた色や明るい色，薄い色，暗い色などの調子がある。これを<u>トーン</u>という。

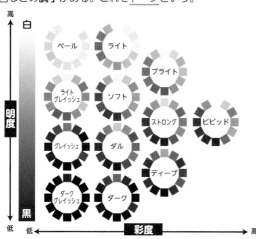

■<**差**>がつく

トーンチャート
・ビビッド(冴えた色)
・ブライト(明るい色)
・ストロング(強い色)
・ディープ(深い色)
・ライト(浅い色)
・ソフト(柔らかな色)
・ダル(鈍い色)
・ダーク(暗い色)
・ペール(薄い色)
・ライトグレイッシュ(明るい灰みの色)
・グレイッシュ(灰みの色)
・ダークグレイッシュ(暗い灰みの色)

美術

□ **色の対比**　同じ色でも，隣り合う色や周囲の色によって，違う印象を受ける。

①<u>色相対比</u>…同じ色相の色も，背景の色相により異なって感じられる。

②<u>明度対比</u>…同じ明度の色も，背景の明度により明るさの印象が変わる。

③<u>彩度対比</u>…同じ彩度の色も，背景の彩度により，鮮やかさの印象が変わる。

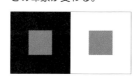

④<u>補色対比</u>…補色同士を並べると，互いの色味を強調しあう。

⑤<u>縁辺対比</u> ★3…色と色の境目に現れる対比効果。補色同士の境目はぎらぎらする。

★3　縁辺対比を弱めるためには，色の境目に黒や白の線を入れる(セパレーションの効果)。

47

2 鉛筆・水彩

鉛筆

□ 鉛筆の削り方

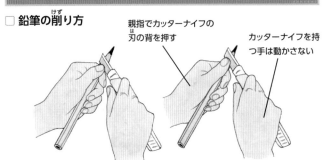

親指でカッターナイフの刃の背を押す

カッターナイフを持つ手は動かさない

□ 線

①弱い筆圧で

②強い筆圧で

③筆圧を変えて

④勢いよく

□ グレースケール　白から黒の中間色を段階的に表したもの。

①段階的に

②なめらかに

③クロスハッチング

④点の集合

先生の目

芯を長く削り出して面を描いたり，鋭くとがらせて細部を描いたりできるため，絵を描くときに使う鉛筆は鉛筆削りで削るよりもカッターで削るとよい。

差がつく

鉛筆の種類

鉛筆は芯の硬い順に 10H 〜 2H，H，F，HB，B，2B 〜 10B となっている。H は hard，B は black，F は firm の略。硬い鉛筆は折れにくく，細くて鋭い線を引くことができ，軟らかい鉛筆は太くて濃い線を引くことができる。

直前
内申対策

実際に鉛筆を使ってグレースケールを作る課題が出ることがある。最初に一番黒い部分と一番白い部分を塗って，次に真ん中を塗ると明暗のバランスが取りやすい。一番黒い部分は紙の白い部分が全く見えなくなるくらいしっかり塗ろう。

水彩絵の具

□ **筆**　描きたいタッチや線の太さによって使い分ける。

①丸筆　　　　　　　　　②平筆

□ **紙**　画用紙は一般的にざらざらした面を表として，つるつるした面を裏とすることが多い。一般的な画用紙のほかに，厚みがあってにじみにくい加工の施された水彩紙，つるつるとした表面のケント紙，紙の繊維が長く，薄くて頑丈な和紙などがある。

□ **表現技法**

①にじみ　　　　②ぼかし　　　　③ドライブラシ

④おさえ　　　　⑤点描　　　　⑥マスキング

□ **色の塗り方**　明るい色・淡い色から少しずつ濃い色を重ねていく。

(1)　　　　(2)　　　　(3)　　　　(4)

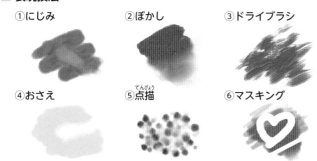

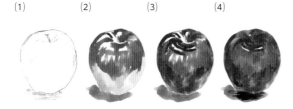

差がつく

水彩絵の具の種類
①透明水彩
透明性が高く，下に塗った色が透ける。

②不透明水彩
不透明で，上に塗り重ねると下の色は覆い隠される。

美術

49

遠近法

遠近法

- **遠近法** 私たちの目の前にある三次元の空間を，絵画や図面などの二次元に奥行きや立体感を持たせて表現する方法。

- **線遠近法（透視図法）** ルネサンス期に確立。手前から奥に行くにつれてものが小さく見え，最終的にある一点（消失点）に集中する図法。

  - ●**一点透視図法**…水平線上に一点の<u>消失点</u>がある図法。

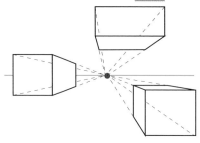

  - ●**二点透視図法**…水平線上に二点の<u>消失点</u>がある図法。

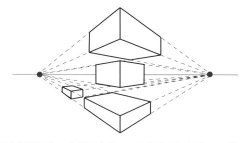

  - ●**三点透視図法**…水平線上の二つの消失点に加えて，**縦方向にもも**う一点の消失点がある図法。

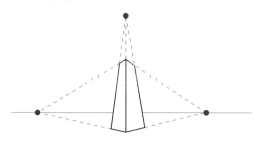

線遠近法のことをパース（perspective）といい，線遠近法で奥行きがうまく表現できていないことを「パースが狂う」という。絵やポスターを描くときは，先生に質問するなどして下書きの段階で遠近法がおかしくないか確認をしよう。

立方体の描き方

パースを付けて立方体を描くと，目線から近いものは大きく，遠いものは小さく書くことになる。そのため，並行に描いた立方体（オレンジの線）に比べて，手前の辺（赤，緑，青線で示した辺）が長く，奥の辺が短くなる。

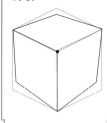

☐ いろいろな遠近法

● **大きさ**…手前にあるものの方が大きく，後ろにあるものの方が小さく見える性質を利用した方法。

● **重なり**…手前にあるものが後ろにあるものを隠す性質を利用した方法。

● **上下**…手前にあるものを画面の下に配置し，後ろにあるものを画面の上に配置する方法。

● **空気遠近法**…手前を濃く，はっきりとしたコントラストで描き，後ろを淡くぼかして描く方法。

● **色彩遠近法**…暖色系は進出・膨張，寒色系は後退・収縮して見える性質を利用した方法。

美術

4 デッサン

形を捉える

☐ **大まかな形の捉え方** モチーフ(描くもの)はいきなり細部を描きこむのではなく,まずは大まかに形を捉える。**球・円すい・立方体などに置き換えて考える**とよい。

明暗を捉える

☐ **調子で表す** モチーフには光が当たって明るい部分と,かげになって暗い部分がある。鉛筆の濃淡(調子)を使ってこの**明暗を表現**することでモチーフの立体感を表現できる。[*1]

★1
・光…光を当てて明るくなっている部分
・陰…モチーフの中で光が当たらないかげの部分
・影…モチーフが床などに映すかげの部分
・反射光…床など周りのものに当たった光が反射して照りかえしている部分

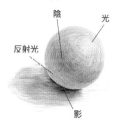

デッサンは「形」「明暗」「質感」の 3 つをきちんと捉えることが大切。「形」はまずは簡単な立体に置き換えて、「明暗」は一番強い光がどこからきているか考えて、「質感」は硬い鉛筆と軟らかい鉛筆を使い分けて描いてみよう。

質感を描く

□ **筆触の工夫** モチーフの質感は**筆触**(タッチ)を工夫することで表現できる。

①やわらかいもの

●肌は軟らかい鉛筆でまず全体を塗り、ティッシュやさっぴつでこすってグレーの土台をつくる。その上から陰影を描き込む。光の当たっているところはねり消しで白くする。

●布は肌との差を出すためにあえてこすらず、グラデーションでしわを表現する。

②かたいもの

●金属の部分は硬い鉛筆でコントラストをはっきりさせて、映りこんだ模様を描く。

●プラスチックやガラスなど透明なものは、映りこんだ電球や自分の影の模様の形を丹念に描く。

●ハイライトはカッターで角をつくった消しごむを使って表現する。

先生の目

こするのは慎重に!
鉛筆で描いた部分をこすると、なんだかうまく見える気がして全体をこすってしまう生徒が多い。こするのは反射光が当たっているところなど、画面の奥に見せたい部分だけにしよう。

■< 差 がつく

輪郭線は残さない
形を捉える段階で重要な輪郭線。しかし、輪郭線はデッサンの完成まで「線」として残してしまうと、せっかく明暗をうまく描いても一気に立体感を失ってしまう。実際に明暗を付けていく段階になったら輪郭線を消しておこう。

美術

5 人物画

全身を描く

□ **人体比率**　人によって体格の違いはあるものの，体の比率は大きく変わらない。

●頭身…人物の身体を頭の大きさを基準にして表したもの。1歳児は頭が全身の約 $\frac{1}{4}$（4頭身）であるが，大人になるにつれ頭身の比率が高くなり，7頭身〜8頭身となる。

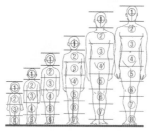

●理想の人体比率…ルネサンス期に活躍した<u>レオナルド・ダ・ヴィンチ</u>は「人体均衡図」で理想の人体の比率を表現している。

・腕を広げた長さは身長と同じである。

・髪の生え際から顎の下までの長さは身長の $\frac{1}{10}$ である。

・人体を円と正方形に入れた際，股間が中心点となる。

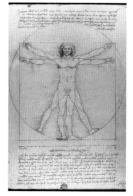

□ **正中線**　人体の中央を縦にまっすぐ通る線のこと。この線を中心に人体は左右がほとんど<u>対称</u>になっている。絵を描く際も正中線を意識するとよい。

先生の目

人物像を描くときに注意したいのが手の大きさ。人間の手のひらは広げるとちょうど顔ぐらいの大きさになる。絵を描くときに，自分の描いた手は小さすぎないか確認しよう。

直前

内申対策

自画像や友人の顔などを描く場合，もし可能なら写真を撮って印刷し，顔の比率を測りながら描くと，似せて描くことができる。鉛筆や木炭などで描く場合は，モノクロ写真を参考にすると，明暗や濃淡が描きやすい。

人体のパーツを描く

☐ **顔の比率**　人体と同様，顔も比率を測りながら描く。

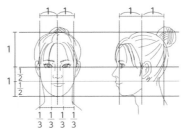

☐ **パーツの描き**

●**目**…球体であることを意識して描く

●**耳**…凹凸を鉛筆の濃淡で表現する。

●**鼻**…鼻先が手前に出るように，しっかり描きこむ。

●**口**…上唇の中央に立体感が出るように描きこむ。

●**手**…関節の位置をおさえながら形をとる。

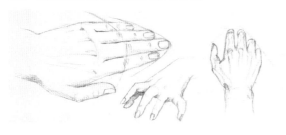

差がつく

目の高さは，だいたい頭部のてっぺんから顎の下のちょうど中央にくることが多い。また，頭部の縦の長さは目の幅いくつ分，鼻の一番高い部分から顎の下までは目の幅いくつ分…といったように，顔を描くときは目の幅を基準にするとわかりやすい。

先生の目

鉛筆で目を描くとき，白目の部分は白いから，と画用紙の白をそのまま残してしまう人が多い。実際にスマホのモノクロモードで顔の写真を撮ってみるとわかりやすいが，白目はまぶたやまつげ，前髪などの影によって，思ったよりも白くない。影をよく観察し，2Hぐらいの硬めの鉛筆で塗りつぶして，真っ白な部分は瞳のハイライトにとっておこう。

美術

6 構図・構成

構図

☐ 構図

●トリミング…見取り枠(デスケル)や手の指を使ってどのように切り取り、画面におさめるか考える。

●三角構図…画面いっぱいに三角形が形成されるようにモチーフを配置すること。画面に安定感が出ると同時に、視線を三角の頂点に誘導できる。

●対角線構図…画面の対角線上にモチーフを配置すること。画面に奥行きが表現できて、視線を手前から奥へと誘導できる。

●黄金分割…古代ギリシャ以降、ヨーロッパで最も調和的で美しいとされる比率。1:1.618。絵画や彫刻、建築など様々なところで応用されている。

■差がつく

風景画や静物画など、絵を描く課題が出たら、まずはこのページを読んで、構図を工夫しよう。

先生の目

身の回りで黄金分割の比率が使われているものは何があるか、探してみよう。例えば名刺やはがきなどにも黄金分割が使われているよ。

色彩構成や，ポスター制作などの課題では，それぞれの構成美を理解して応用することで，効果的な作品を作ることができる。「私の作品は，ここを引き立たせたかったので，この構成美の要素を入れました」と説明できるようにしておこう。

構成

☐ **構成美**　美しいと感じる色や形の配置。こうした構成美の要素を利用して絵画やデザインがつくられている。

①対称…シンメトリー。中心となる線や点を境に，左右や上下の形が同じであること。

②対照・対比…コントラスト。性質が反対のものを組み合わせて，互いに引き立てること。

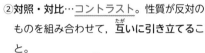

③強調…アクセント。単調な構成の画面の一部に変化をつけて，全体を引き締める。

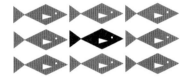

④繰り返し…リピテーション。同じ形や色を繰り返すこと。

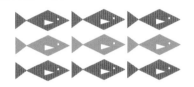

⑤動勢…ムーブメント。色や形の組み合わせで，大きな動きを表現する。

⑥階調…グラデーション。色や形をある基準で変化させていく。

⑦律動…リズム。色や形などが連続して変化する様子を表現する。

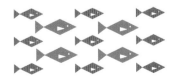

⑧均衡…バランス。左右の色や形は違うが，つり合いが取れている状態をつくること。

書体

☐ **明朝体** 中国の明代に，もともと筆で書いていた文字を活版印刷のために簡略化してつくられた書体。
- ◉**可読性**が高い(読む文字)
- ◉**うろこ**(三角の山)がある
- ◉縦横の線の太さが違う

☐ **ゴシック体** 活版印刷の普及に伴い，見出しなどに使用するためにつくられた書体。
- ◉**視認性**が高い(見る文字)
- ◉うろこがない
- ◉線の太さが均一

☐ **欧文書体**
- ◉ローマン体…字画の先端に**セリフ**(飾り)がついている書体。

ABCDEFGHIJKLMNOPQRSTUVWXYZ
abcdefghijklmnopqrstuvwxyz 0123456789:;!?()

- ◉サンセリフ体…セリフがついていない書体。

ABCDEFGHIJKLMNOPQRSTUVWXYZ
abcdefghijklmnopqrstuvwxyz 0123456789:;!?()

- ◉オールドイングリッシュ体…中世ヨーロッパで使用されていた文字が元になった。

ABCDEFGHIJKLMNOPQRSTUVWXYZ
abcdefghijklmnopqrstuvwxyz 0123456789:;!?()

■ ■ **差**がつく

いろいろな書体
・楷書体
あいうえお
アイウエオ
安以宇衣於

・行書体
あいうえお
アイウエオ
安以宇衣於

・隷書体
あいうえお
アイウエオ
安以宇衣於

・丸ゴシック体
あいうえお
アイウエオ
安以宇衣於

・ポップ体
あいうえお
アイウエオ
安以宇衣於

先生の目

欧文書体ではオールドイングリッシュ体を「ゴシック体」とも呼ぶ。和文書体のゴシック体は，欧文書体のサンセリフ体にあたる。

実際にレタリングをするときは，それぞれの画がマスの中でどのあたりにあるのかを確認しながら書こう。文字だけでなく，余白の形が手本と同じになっているかも確認すると形が整いやすいよ。

レタリング

□ **レタリング**　文字を読みやすくデザインすること。

□ **レタリングの方法**

(1) **枠取り**…文字の大きさと配置を決める。

内申点のアップ

(2) **文字の骨格の下書き**…枠の中に文字を下書きする。漢字・カタカナは枠いっぱいに書き，ひらがなは枠に**内接する円**におさめて漢字よりも少し小さめに書く。

内申点のアップ

(3) **肉付け**…骨格に肉付けして輪郭線を仕上げる。まずはフリーハンドの薄い線で肉付けし，定規を使って決定線を引く。

内申点のアップ

□ **スペーシング**　文字をバランスよく並べて美しく見せること。字配り。

● **日本語のスペーシング**…ひらがなやカタカナは字の形が異なるので，すべて同じ幅の枠におさめようとすると，字間が空いて間伸びして見える。そのため，文字と文字の空きを調節し，自然に見えるようにする。

字配り（スペーシング）
字配り（スペーシング）

● **欧文のスペーシング**…空きを等間隔にすると，間伸びして見える。文字と文字の空き部分の面積を合わせるようにする。

SPACING
SPACING

美術

8 粘土・金工

粘土

☐ **塑造(モデリング)** 自由につけたり取ったりできる可塑性のある材料を使った作品作りを<u>塑造</u>という。

☐ **塑造の用具**

- ●粘土板
- ●へら
- ●しゅろ縄・麻ひも…塑造の骨組みとなる心棒に巻きつけることで、粘土がくっつきやすくする。

☐ **粘土の種類**

①土粘土…水粘土ともいう。水を加えて軟らかくする。

②油粘土…土を油で練った粘土。繰り返し使用することができる。

③紙粘土…紙の繊維に糊を加えて、粘土のようにしたもの。乾燥させると硬化する。

④樹脂粘土…乾燥させると透明感のあるプラスチックのようになる。

☐ **焼き物**

⑴採土…原料となる土(陶土)を採取する。焼き上がりが白っぽくなる<u>白土</u>と、焼き上がりが赤茶色になる<u>赤土</u>などがある。

⑵土練り…採取した硬い陶土を、成形しやすいように水を含ませてよく練る。土の気泡を抜いて、**質を均一にする**(菊練り)。

⑶成形…手びねり、ひもづくり、板づくり、ろくろづくりなどで形をつくる。**厚みが均一になる**ようにする。

⑷仕上げ…模様を入れたり、装飾をしたりする。

⑸乾燥・素焼き…風のない日陰で乾燥させる。乾燥後、窯に詰めて約800度で焼く。

⑹絵付け…焼き物用の絵の具で模様などを描く。

⑺施釉…**釉薬**(うわぐすり)をかける。

⑻本焼き…窯に詰めて1000度以上で焼成する。

直前 内申対策

授業で実際に扱った素材や用具の名前・特徴(とくちょう)はペーパーテストの前にしっかり覚えておこう。作品の提出があるときは，先生に言われた注意点(おく)がしっかり守れているか確認(かくにん)して，遅(おく)れないように提出しよう。

金工

☐ **金属の特色**　硬く丈夫な金属は，私たちの生活の中でもいろいろなところに使われている。

①展性(たた)…叩くと広がる性質

②延性(の)…引っ張ると伸びる性質

☐ **金工のための用具**

●**切る**…万能(ばんのう)ばさみ，金工のこぎり，金切りばさみ

●**曲げる**…やっとこ，ペンチ

●**折る**…折り台

●**削(けず)る**…金工やすり

●**打つ**…いもづち（金属製と木製がある），たがね

●**打ち台(かなどこ)**…金床，木台・あて金，脂台(やにだい)，砂袋(すなぶくろ)

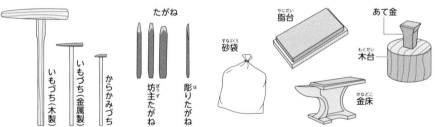

いもづち（木製）　いもづち（金属製）　からかみづち　たがね　坊主(ぼうず)たがね　彫(ほ)りたがね　砂袋(すなぶくろ)　脂台(やにだい)　あて金　木台(もくだい)　金床(かなどこ)

☐ **金属の種類**

●**銅**…鉄よりも軟らかいので加工がしやすい。

例：鍋(なべ)

●**アルミニウム**…銅よりも軟らかくて軽い。

例：1円玉，アルミ箔(はく)，アルミ缶

●**真鍮(しんちゅう)**…銅と亜鉛の合金。銅より硬くて削りやすい。

例：5円玉，アクセサリー，金管楽器

●**青銅**…ブロンズ。銅に錫(すず)を含んだ合金。

例：10円玉，銅像

↑銅　↑アルミニウム

☐ **表面処理**

●**いぶし**…銅板に用いる表面処理。

●**腐食(ふしょく)**…アルミニウムに用いる表面処理。

↑真鍮　↑青銅

美術

9 木彫・石彫

彫造

先生の目

彫造の課題は，のみや切り出し小刀，のこぎりなど刃物を使用する。用具を正しく使用して，安全に作品を制作しよう。（→ p.135）

☐ **彫造（カーヴィング）** 材料を彫ったり削ったりして作品をつくることを彫造という。

☐ **彫造の用具**

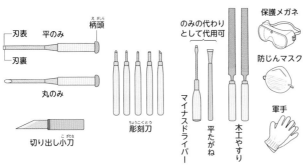

- 刃表
- 刃裏
- 柄頭
- 平のみ
- 丸のみ
- 切り出し小刀
- 彫刻刀
- のみの代わりとして代用可
- マイナスドライバー
- 平たがね
- 木工やすり
- 保護メガネ
- 防じんマスク
- 軍手
- 両刃のこぎり
- 木づち

☐ **立体作品の構想** はじめに，紙にモチーフをデッサンする。できるだけいろいろな角度からモチーフを観察し，デッサンしておくとよい。また，粘土で模型をつくっておくとよい。

☐ **彫造作品のつくり方**

(1) **デッサン**…材料のそれぞれの面にモチーフの輪郭を描く。

(2) **あら取り**…材料の不要な部分をのこぎりで切り落とす。切り落とされてデッサンが消えたらその都度描く。

(3) **あら彫り**…細かい部分はのみを使ってあら彫りする。

(4) **仕上げ**…のみや彫刻刀で細部を彫る。やすりで表面を整える。

木彫

☐ **木材**

- **ヒノキ**…軽くてとても**軟らかい**ので彫りやすい。**仏像などを彫る**際に用いられることが多い。白くて光沢があり，香りがある。
- **カツラ**…軽くて軟らかいので彫りやすい。
- **ホオ**…中くらいの硬さ。
- **サクラ**…硬くて彫るのは少し大変だが，**細かい造形**ができて，**耐久性の高い**作品となる。

★1 紙やすりの種類
番号が小さいほど粒子が粗く，大きくなるほど細かくなる。

- ●40 〜 100 番
  目の粗いやすり。
  形を修正するときなどに使う。
- ●120 〜 240 番
  中くらいの目のやすり。
  材料の表面を整えるときなどに使う。
- ●280 〜 400 番
  細かい目のやすり。
  材料の表面などをなめらかにするときなどに使う。
- ●400 〜 800 番
  極細目のやすり。
- ●1000 番以上
  超極細目のやすり。

□ **木材の基本的な彫り方**　彫刻刀(→ p.65)を使って木材の表面にさまざまな表現をすることができる。

●線彫り

直線や曲線を丸刀や三角刀でなぞって彫る

●片切り彫り

(1)切出刀で 60°〜 90°に切り込む

(2)反射側からななめに彫る

●薬研彫り

(1)切出刀で中央に切り込みを入れる

(2)両側から中央に向かってななめに彫る

●浮き彫り

(1)輪郭線を三角刀で彫る

(2)外側から輪郭に向かって彫る

●菱合い彫り

(1)切出刀と平刀で周囲を仕切る

(2)中央から外に向かってななめに彫り三角の山をつくる

●石目彫り

丸刀で同じ向きに彫る

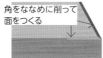

●かまぼこ彫り

(1)切出刀で輪郭線に切り込みを入れる

(2)外側から平刀で平らに彫る

(3)平刀で輪郭の角をなだらかに削る

●面取り

角をななめに削って面をつくる

□ **木目**

●<u>ならい目</u>…木目の方向に沿って彫ると，なめらかに彫れる。

●<u>逆目</u>…木目の方向に逆らって彫ると，彫ったあとがけば立ち，削りにくい。

ならい目

逆目

繊維の方向

石彫

□ **石材**

●<u>大理石</u>…軟らかく，美しい色で古来より彫刻や建築に用いられている。

●<u>高麗石</u>…とても軟らかく彫りやすい石。てん刻などに用いられる。

□ **てん刻**　石の印材を刻んで文字や絵などの印をつくること。作品のサインとして用いることもできる。

美術

■< 差 がつく

印の種類

・陽刻

・陰刻

63

美術

10 版画

版画の種類

□ **凸版** 版の凸部にインクを塗り，紙に刷り取る。

　● 画面が反転。

　● 木版，紙版，リノカット

□ **凹版** 版の凹みにインクを載せ，へこんでいない部分のインクを拭き取り，加圧して紙に刷り取る。

　● 画面が反転。

　● 銅版，コラグラフ

□ **平版** 版面に油性インクを塗り，紙に刷り取る。

　● 画面が反転。

　● リトグラフ，モノタイプ，デカルコマニー，マーブリング

□ **孔版** 版面にあけた穴からインクを落として，紙に刷りこむ。

　● 画面は反転しない。

　● シルクスクリーン，ステンシル，謄写版

さまざまな版画の技法

□ **木版画** 木の板を彫刻刀で彫ってつくった版をもとにして絵具などで紙に絵を写し取る。

□ **銅版画** 銅の板にできた溝にインクを詰めて，プレス機などで紙に絵を写し取る。

　● ドライポイント…版に直接ニードルで傷をつけて，できた溝とバー（まくれ）にインクを詰めて，プレス機などで紙に刷り取る。

　● エッチング…防食材を塗った金属板をニードルでひっかいて防食膜をはがし，はがれた部分を腐食させて凹部をつくる。

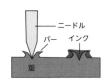

↑ドライポイント

□ **コラグラフ** 板にいろいろな材質の素材を貼り付けて直接紙に刷り取る。

□ **シルクスクリーン** 絹（シルク）などの細かい孔のあいた幕（スクリーン）を張り，図柄の部分以外の孔をすべてふさぐ。孔からインクを落とし，図柄の形が転写される。

□ **リトグラフ** 水と油の反発作用を利用して製版と印刷をする。版に描いたものをそのまま再現することができる。

授業で取り扱った版画の種類と特徴をしっかり覚えておこう。浮世絵が試験範囲になるときは，多版多色木版画の制作工程と，制作に携わる職人についても覚えておこう。

木版画

☐ **彫刻刀**

①丸刀

②三角刀

③平刀

④切出刀

☐ **多版多色木版画** 使用する色数と同じ枚数の版をつくり，刷り重ねる。

(1)**下絵・墨入れ**…下絵を作成して版に転写する。

(2)**彫り**…主版(主となる輪郭線の板)を彫る。

↑下絵

(3)**刷り**…版に黒インクを塗り，刷り紙をのせてずれないように押さえ，ばれんで中心から外にらせんを描きながら力を加え，刷る。

(4)**転写**…紙に刷り取ったインクが乾かないうちに，色版用の版木に紙を伏せ，ばれんで加圧する。見当も一緒に写す。

(5)**色版の作成**

(6)**重ね刷り**…薄い色から刷り始め，最後に主版を刷る。

美術

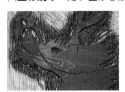

↑1枚目の色版

→

↑2枚目の色版

→

↑主版

11 日本の伝統美術

色

☐ **日本の伝統色** 日本では四季の移ろいによって様々な表情を見せる自然の色を暮らしの中に取り入れてきた。

●春の色

桃色	牡丹色	菜の花色	鶯色	藤色

●夏の色

紅色	樺色	若竹色	露草色	菖蒲色

●秋の色

茜色	柿色	朽葉色	栗皮色	葡萄色

●冬の色

銀鼠	紅梅色	橙色	枯草色	松葉色

●動植物や鉱物などの色

胡粉色	朱鷺色	琥珀色	象牙色	鬱金色

緑青	瑠璃色	藍色	小豆色	鈍色

文様

☐ **日本の伝統文様** 日本で古来より織物や室内装飾，焼き物などに用いられてきた文様。

●**青海波**（せいがいは）

●**麻の葉**（あさのは）

●**鹿の子**（かのこ）

●**籠目**（かごめ）

●**千鳥**（ちどり）

●**矢絣**（やがすり）

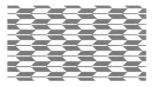

●**亀甲**（きっこう）

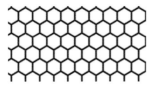

●**工字繋ぎ**（こうじつなぎ）

●**市松**（いちまつ）

●**七宝**（しっぽう）

■■差がつく

アイヌ民族の文様
ベースとなる3つの形を組み合わせる。

・モレウ（渦巻）

・アイウシ（棘）

・シク（目）

■■差がつく

琉球の文様
紅型（びんがた）とよばれる染織が発達。絣（かすり）の織物に独自の文様。

・トゥイグヮー（鳥柄）

・イチマルグム（5つの丸雲）

・インヌフィサー（犬の足跡）

美術

67

縄文時代

- [ ] **時代背景** 狩猟採集によって生活。人々に貧富の差がなかった。
- [ ] **縄文土器** 低温で焼成。厚手で縄目模様のついた, 装飾の多い土器。宗教儀式などで使われていたとされる土偶がつくられる。

↑縄文土器

弥生時代

- [ ] **時代背景** 農耕が始まり, 身分の差がうまれ, 各地に「くに」がつくられる。大陸から金属器がもたらされる。
- [ ] **弥生土器** 縄文時代よりも**高い温度で焼成**。ふくらみやくびれが強調された壺。規則的な装飾。★1
- [ ] **銅鐸** 祭器・宝器として用いられた青銅器。表面には人間, 動物, 建物などが線画で表現されたものもある。

↑弥生土器

★1 縄文土器との違い
弥生土器の規則的な形と装飾法は, 大陸からもたらされた金属器を土器で模したことにより可能となった。

古墳時代

- [ ] **時代背景** 近畿地方に巨大な王権が出現。各地で古墳が造られる。
- [ ] **埴輪** 古墳の装飾に使われた素焼の焼物。古墳と外界を区別するために並べられた円筒埴輪と, 人物, 動物, 家などをかたどった形象埴輪がある。

↑人物埴輪

飛鳥時代

- [ ] **時代背景** 仏教が伝来。聖徳太子による天皇中心の国づくり。
- [ ] **飛鳥文化** 7世紀前半。日本初の仏教文化, 朝鮮半島の強い影響を受ける。朝鮮半島を通じて中国, ギリシャ, 西アジア, インドなどの影響がみられる**国際色豊かな文化**。
  - ●**法隆寺釈迦三尊像**…ブロンズ像。鞍作止利により完成。**アルカイックスマイル**を浮かべた表情に特徴がある。★2
  - ●**玉虫厨子**…仏像を収めるための工芸品。
- [ ] **白鳳文化** 7世紀後半から8世紀初頭。大化の改新から平城京遷都までの約60年間の文化。唐の仏教文化の影響を受けている。
  - ●**興福寺仏頭**…写実的で丸みを帯びた表現。
  - ●**高松塚古墳壁画**…大陸の影響がみられる髪型・衣装の女性像。

↑法隆寺釈迦三尊像

★2 アルカイックスマイル
仏像が口元に浮かべるほほえみ。古拙の微笑ともいわれる。

直前
内申対策

美術史は授業で習った作品を覚えることが大切。プリントや教科書などから習った作品の画像をコピーして，少し大きめの単語帳に貼って，裏に作品名・作者名・時代・様式名などを書いて暗記するとよい。

奈良時代

□ **時代背景** 平城京を中心に律令国家体制が確立。

□ **天平文化** 8世紀。唐の影響を受けた貴族文化。

●**東大寺法華堂不空羂索観音像**…乾漆像。体躯の肉付けの量感表現に優れる。

●**東大寺盧舎那仏坐像**…鋳銅像。

●**鑑真像**…乾漆像。日本初の本格的な肖像彫刻。

●**正倉院宝庫**…**校倉造**。聖武天皇の遺宝などを収蔵。

↑東大寺法華堂不空羂索観音像

平安時代

□ **時代背景** 貴族が中心となった時代。

□ **弘仁・貞観文化** 9世紀。唐の影響。密教美術が中心。

●**観心寺如意輪観音像**…密教仏特有の官能性を帯びた表現。

□ **国風文化** 10~11世紀。**遣唐使廃止**により，文化の国風化が進み，日本独自の文化が発展した。

●**平等院鳳凰堂**…極楽浄土を現世に映し出す建築。中堂に阿弥陀如来像を安置。

□ **院政期の文化** 11世紀末~12世紀。京都から地方へ文化が伝播。

●**源氏物語絵巻**…現存する最古の絵巻物。やまと絵。

●**中尊寺金色堂**…奥州藤原氏による浄土教建築。

↑観心寺如意輪観音像

↑平等院鳳凰堂

鎌倉時代

□ **時代背景** 関東に武士による政権が成立。京都の公家文化と，鎌倉の武家文化が並び立つ。

□ **鎌倉文化** 13~14世紀前半。奈良時代の伝統を継承し，**宋・元**の影響を受ける。

●**東大寺南大門**…大仏様の建築。

●**東大寺南大門金剛力士像**…運慶・快慶の作。寄木造。

↑金剛力士像

美術

13 日本美術史②

室町時代

- [ ] **時代背景** 京都に武家政権が成立。日明貿易を通じて「唐物」とよばれる中国の美術品を収集。禅宗の美術が流行し，水墨画が描かれる。応仁の乱で幕府が弱体化すると，地方の有力者や都市部の裕福な町衆が文化の担い手となる。
- [ ] **南北朝文化** 14世紀中ごろ，南北朝の動乱期の文化。
  - ●牧谿…「観音猿鶴図」。代表的な「唐物」。
- [ ] **北山文化** 14世紀後半〜15世紀初めごろ，足利義満の時代。応仁の乱以前。
  - ●鹿苑寺金閣…公家文化と武家文化の融合がみられる。
  - ●如拙「瓢鮎図」…初期水墨画の代表作。
- [ ] **東山文化** 15世紀後半，足利義政の時代。応仁の乱以降。
  - ●慈照寺銀閣…上層は禅宗様。下層は書院造。
  - ●雪舟…水墨画を大成。「秋冬山水図(冬景)」
  - ●狩野派…狩野正信。日本風の「漢画」を創始。「周茂叔愛蓮図」

↑金閣

↑銀閣

↑「秋冬山水図(冬景)」

安土桃山時代

- [ ] **桃山文化** 16世紀後半。地方で力をつけた大名や大商人による豪華で壮大な文化。
- [ ] **城郭** 山城から平城となり大規模化。
- [ ] **絵画** やまと絵と漢画の融合。水墨画の装飾画化が進む。
  - ●狩野永徳…「洛中洛外図屏風」「唐獅子図屏風」
  - ●長谷川等伯…「松林図屏風」
  - ●高台寺蒔絵…漆工芸技法の進展を示す作品。

↑姫路城

江戸時代

- [ ] **時代背景** 鎖国により国内で文化が成熟する。
- [ ] **寛永期の文化** 17世紀前半の文化。桃山文化を継承。
  - ●俵屋宗達…「風神雷神図屏風」。やまと絵装飾画を開拓。
  - ●狩野探幽…江戸時代の狩野派隆盛を決定づけた画家。
  - ●舟橋蒔絵硯箱…本阿弥光悦の作品。

↑「舟橋蒔絵硯箱」

一言で「美術史」と言っても，絵画や彫刻，工芸，建築などさまざまな作品が出てくる。気になる作品に出会ったら，実際に見に行ったり，同じ時代や同じ作家の作品を調べてみたりしよう。

☐ <u>元禄文化</u>　17世紀後半から18世紀前半にかけて，<u>上方（京都・大阪）</u>を中心に，担い手が町人や商人に広がった文化。

●<u>琳派</u>…本阿弥光悦と俵屋宗達によって開始，<u>尾形光琳・乾山</u>の兄弟によって発展した絵画・工芸の作風。

　・尾形光琳…「<u>紅白梅図屏風</u>」「<u>八橋蒔絵螺鈿硯箱</u>」

●<u>浮世絵</u>…庶民的な風俗画。肉筆画から<u>版画</u>に。多色刷りの版画を<u>錦絵</u>という。

　・<u>菱川師宣</u>…「<u>見返り美人図</u>」肉筆の浮世絵。

☐ <u>宝暦・天明期の文化</u>　18世紀後半，幕藩体制の矛盾への批判と，そこからの脱却。裕福な百姓・都市の町人が担い手となる。

●<u>浮世絵</u>…喜多川歌麿「<u>ポッピンを吹く女</u>」，東洲斎写楽「<u>三代目大谷鬼次の奴江戸兵衛</u>」

●<u>洋風画</u>…小田野直武「<u>不忍池図</u>」。蘭学にちなむ西洋画の取入れ。

☐ <u>化政文化</u>　19世紀，江戸を中心に全国へ普及した文化。庶民が担い手。

●<u>浮世絵</u>…葛飾北斎「<u>富嶽三十六景</u>」，歌川広重「<u>東海道五十三次</u>」

近代

☐ **時代背景**　19世紀後半〜20世紀初め。開国で西洋の文化が流入。近代化が図られる。

☐ **日本画**　フェノロサ・<u>岡倉天心</u>による**日本美術復興運動**。
●<u>狩野芳崖</u>…「<u>悲母観音</u>」
●<u>横山大観</u>…「<u>無我</u>」

☐ **西洋画**　西洋の技法の摂取。
●<u>高橋由一</u>…「<u>鮭</u>」
●<u>黒田清輝</u>…「<u>湖畔</u>」
●<u>和田三造</u>…「<u>南風</u>」

☐ **彫刻**
●<u>高村光雲</u>…「<u>老猿</u>」。木彫。
●<u>荻原守衛</u>…「<u>女</u>」。ブロンズ像。

↑「見返り美人図」

↑「三代目大谷鬼次の奴江戸兵衛」

↑「湖畔」

↑「老猿」

↑「悲母観音」

↑「鮭」

14 西洋美術史①

原始の美術

- □ **絵画** フランス，スペインの洞窟絵画。牛などの動物が描かれる。
- □ **彫刻** 作物の豊かな実りや繁栄を祈る小型石像。「ヴィレンドルフの女性像」

↑「ヴィレンドルフの女性像」

古代の美術

- □ <u>エジプト</u> ナイル川流域に文明が形成。文明の発達に伴い，強大な権力を持つ王（ファラオ）が現れる。<u>ピラミッド</u>の建設。王の肖像彫刻が発達。形式的な表現。
  - ● <u>アマルナ美術</u>…**写実的な表現への関心**がみられる。
- □ <u>ギリシャ</u> **人間中心主義**。ヨーロッパの思想の「古典」。
  - ①建築…ドーリア式（パルテノン神殿），イオニア式，コリント式。

↑ドーリア式

↑イオニア式

↑コリント式

↑アマルナ美術

- ②彫刻…理想的な人間美を追求。フェイディアス「アテネ女神像」，プラクシテレス「ヘルメス像」
- □ <u>ヘレニズム</u> ギリシャの文化が**オリエント各地の土着文化と融合**して形成。
  - ●彫刻…ギリシャの彫刻に動的・土着的な要素が加わる。「ミロのヴィーナス」「サモトラケのニケ」「ラオコーン」

↑「ラオコーン」

- □ <u>ローマ</u> ギリシャの文化を受け継いで発達。ローマ帝国によりヘレニズム文化がヨーロッパに広がり，ヨーロッパ文化の源流となった。
  - ●建築…優れた建築技術。コロッセウム。水道橋。

↑水道橋

ギリシャ・ローマ時代の人間中心の考え方は，中世で一度否定されるけれど，ルネサンスで再びスポットライトがあてられるよ。

中世ヨーロッパ

☐ **時代背景** キリスト教による**神中心の世界観**。偶像崇拝禁止の考え方により，ギリシャ時代の写実的な表現は否定される。

☐ **特徴** ゲルマン・ケルト民族による**平面装飾的な絵画**が源流。「ケルズの書」。その後**教会の壁画やモザイク画**などが発達。

①ビザンツ様式…ドームのある建築。ハギアソフィア大聖堂。

②ロマネスク様式…ローマ風という意味。半円形のアーチを多用。ピサの大聖堂。

③ゴシック様式…尖塔とステンドグラスが特徴的。12世紀後半から発展。シャルトル大聖堂。★1

↑「ケルズの書」

ルネサンス

☐ **時代背景** 15世紀から16世紀に発展。ルネサンスは「再生，復興」の意味。**中世の神中心の世界観からギリシャ時代の人間中心の世界観への復興を狙う動き。**

☐ ボッティチェリ 「春」「ヴィーナスの誕生」。ギリシャの神話が描かれている。

☐ **三大巨匠**

①レオナルド・ダ・ヴィンチ…「モナ・リザ」。これまで絵の主題になってきたのは神だったのに対し，一般の女性がスフマートという技法で描かれている。

②ミケランジェロ…「ダヴィデ像」，「アダムの創造」。キリスト教主題のモチーフをギリシャ時代にならい，人間そっくりに表現。

③ラファエロ…「アテネの学堂」。ギリシャ時代の哲学者をルネサンス期の偉人に仮託して描いている。

「アテネの学堂」→

★1
キリスト教では神は天にいるという考え方だから，天に届くくらい高い教会建築がつくられるようになった。

↑ハギアソフィア大聖堂

美術

先生の目

ルネサンスは三大巨匠が出題されやすい。それぞれの名前と授業で習った有名な作品名を書けるようにしておこう。

↑「モナ・リザ」

15 西洋美術史②

バロック・ロココ

- ☐ **時代背景** 17世紀から18世紀の絶対王政の時代に流行。
- ☐ **特徴** バロックは「歪んだ真珠」という意味。ルネサンス様式の伝統を継承しつつ，光と影のコントラストを用いた劇的な表現が発達。ロココはフランスの貴族が好んだ**優美で繊細な様式**。王や貴族の優雅な生活が描かれる。
- ☐ **主な画家と作品**
  - ①<u>レンブラント</u>…オランダの画家。「夜警」。集団肖像画。
  - ②フェルメール…白い点を並べてハイライトとする画法。「真珠の耳飾りの少女」
  - ③ベラスケス…スペインの宮廷画家。「ラス・メニーナス」
  - ④<u>フラゴナール</u>…ロココの代表的な画家。優美な庭園とそこに集う男女を描く。「ぶらんこ」

↑「真珠の耳飾りの少女」

新古典主義

- ☐ **時代背景** ナポレオンが台頭し，啓蒙思想が広まった19世紀前半の美術様式。古代ローマのポンペイ遺跡が発掘され，**古典（古代ギリシャ・ローマ）**への熱が高まる。
- ☐ **特徴** ロココ様式を見直し，古代ギリシャ・ローマの造形を規範とした**合理的・理性的な様式**。絵画では<u>三角構図</u>[★1]による荘厳な表現が追求される。
  - ①ダヴィッド…「ナポレオンの戴冠式」「ホラティウス兄弟の誓い」
  - ②アングル…「グランド・オダリスク」

★1 画面いっぱいに三角形が形成されるようにモチーフを配置すること。画面に安定感が出ると同時に，視線を三角の頂点に誘導できる。(→ p.56)

ロマン主義

- ☐ **時代背景** 19世紀，ウィーン休制でナポレオン時代に広まった自由主義が圧迫される中，**自由主義運動**や**国民主義運動**とともに盛んになった美術様式。
- ☐ **特徴** 新古典主義よりも感情を重んじる。小説や実際の事件などが題材となった。**ドラマチックな表現**と**大胆な色彩**が特徴。

↑「ホラティウス兄弟の誓い」

西洋の美術史を勉強するときは，同時代に日本ではどんな作品がつくられていたのかを知っておくとよい。バロック・ロココ〜ロマン主義は江戸時代，自然主義や印象主義は主に明治時代と時代が重なっているよ。

①ドラクロワ…「民衆を導く自由の女神」
②ゴヤ…スペインの画家。主観的な情熱を作品に託す。「マドリード 1808 年 5 月 3 日」

↑「民衆を導く自由の女神」

自然主義・写実主義

□ **時代背景** 産業革命が広がり，労働者階級が生まれ，大都市が出現し，市民社会が発達した 19 世紀後半の美術の動向。

□ **特徴** 理想や誇張を排除して自然をありのままに描こうとする。

□ **バルビゾン派** これまで西洋絵画は人物が主題の中心であったが，風景を主題として重んじるようになった。

①コロー…「白樺のある池」
②ミレー… 労働する農民を描く。「晩鐘」「落穂拾い」

↑「晩鐘」

□ **写実主義** 労働者が題材として描かれる。

①ドーミエ…風刺画家。カリカチュア風の大胆な省略技法。
②クールベ…社会主義思想に共感し農民や労働者を描く。

□ **マネ** 古典的な伝統を近代絵画へつなぐ。「オランピア」

↑「オランピア」

印象主義

□ **時代背景** 19 世紀後半，科学技術の発達により光の研究が進んだほか，写真の発明に刺激され，絵画の新しい表現が模索された。

□ **特徴** 色彩の筆触分割により戸外の自然光を表現。

①モネ…印象主義の父。「印象 日の出」
②スーラ…点描。「グランド・ジャット島の日曜日の午後」
③ルノワール…子供や女性を描く。

↑「印象 日の出」

↑「ラ・グルヌイエール」

美術

16 西洋美術史③

ポスト印象主義

- ☐ **特徴** 19世紀末から20世紀初頭。印象主義よりも，さらに**自己の感覚で対象を構成し表現する。**

- ☐ **主な画家と作品**
  - ①ゴーギャン…文明社会を批判し，原始社会への憧れを表現。
  - ②セザンヌ…「形」の探究。自然を円筒・球・円錐として扱う。キュビスムにつながる表現を開拓。「サント・ヴィクトワール山」
  - ③ゴッホ…動きのある筆致で風景や静物を描く。ジャポニスムの影響を強く受ける。「タンギー爺さん」

↑「サント・ヴィクトワール山」

ジャポニスム
明治維新前後に日本から大量の浮世絵が流入し，独特な遠近法や色彩感覚が多くの画家に影響を与えた。

↑「タンギー爺さん」

彫刻

- ☐ **ロダン** 近代彫刻の父。19世紀末から20世紀初頭に活躍。ミケランジェロを研究。力強い生命表現と大胆な造形性。「考える人」「地獄の門」

↑「考える人」

アール・ヌーヴォー（新しい芸術）

- ☐ **時代背景** 20世紀に入ってから第一次世界大戦が始まるまでの，フランス語で「ベル・エポック（良き時代）」と呼ばれた時代の美術の動向。

- ☐ **特徴** 美術・建築・工芸・デザインなどの各分野で華麗な曲線模様を主体とした装飾が追求された。
  - ●オルタ…「タッセル邸」

↑「タッセル邸」

20世紀前半の美術

- ☐ **時代背景** 第一次世界大戦，第二次世界大戦が起こる。

- ☐ **フォーヴィスム** ルネサンス以降の写実的な表現ではなく，**単純化されたフォルムで心が感じる色彩や動きを表現。**

↑「ダンス」

直前 内申対策

印象主義登場後は，画家自身の感覚や，内面を重視した美術が生まれてきたよ。近代文明の発達や二度の世界大戦など，どのような時代の流れの中でそれぞれの様式や流派がおこったのかをおさえておこう。

● マティス…「ダンス」

☐ <u>キュビスム</u> **一つの視点から捉える伝統的な表現方法の否定。**多視点からモチーフを観察し，分解・再構成して表現。

● ピカソ…「ゲルニカ」

☐ **エコール・ド・パリ** 第一次世界大戦後，個性と自由が保障されたパリは芸術の中心地となった。世界中からパリに集まった画家は特定の運動に加わることなく，**自己の世界を表現**した。シャガール，モディリアーニ，藤田嗣治など。

☐ **表現主義** 20世紀前半，ドイツにて強烈な色彩表現を追求した。強い社会的危機意識が背景にあり，濃密な色彩が特徴。

☐ <u>抽象主義</u> **現実世界の再現を拒否。**色や形などの要素だけで表現する。クレー，モンドリアン。

● カンディンスキー…「風景」

↑「風景」

☐ <u>ダダイスム</u> 第一次世界大戦期。社会や文化に対する強い異議。**あらゆる既成の価値を否定する運動。**

● デュシャン…「泉」

☐ **シュルレアリスム** 第一次世界大戦後。人間の精神に内在する夢や潜在意識など，**常識では考えられない世界観**を描く。

● ダリ…「ヴィーナスの夢」「記憶の固執」

● マグリット…「ゴルコンダ」

↑「泉」

20世紀後半以降の美術

☐ <u>ポップ・アート</u> 1960年代のアメリカの**大量生産**や**大衆文化**を背景に広がった。

● ウォーホル…シルクスクリーンで版画を大量生産。

☐ **ミニマル・アート** **表現を極度に単純化。**ほんのわずかな微妙な変化の意味を問いかける。

☐ **コンセプチュアル・アート** 芸術の伝統（絵画や彫刻）を批判。**作者の意図を重視**した。

↑「記憶の固執」

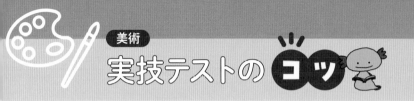

実技テストのコツ

実際にあった実技テスト一覧

- ☐ **基礎**：新しい鉛筆をカッターで削る〔→❶〕
- ☐ **色彩**：12色相環を時計回りに言う（書く）
　　　　トーナルカラーを貼る，色彩構成をする
- ☐ **デッサン**：自分の手を見て描く〔→❷〕，先生の姿をクロッキーで描く
- ☐ **絵画**：自画像を描く，風景を描く，音楽を聴いて感じたことを絵画に表現する
- ☐ **デザイン**：好きな漢字をデザインして描く，ポスターを作成する，靴を作る
　　　　定期テストの解答欄にレタリングをする
- ☐ **彫刻・工芸**：木彫でスプーンや皿などの雑貨を作る
- ☐ **鑑賞**：仏像を見てレポートを提出，美術展を見に行って気に入った作品をレポートにまとめて提出〔→❸〕，友達の作品を見て良いと思った点を書く〔→❹〕

❶ 鉛筆削り

➡カッターを使って新品の鉛筆を削る

ポイント 刃を自分に向けず，外に向けて削る。刃の背を親指で押さえる。家で10本削ってみよう。3Bが削りやすいよ！（→ p.48）

❷ 手のデッサン

➡利き手と反対の手を鉛筆1本で書く

ポイント ポーズ自由ならこんなポーズがおすすめ。

（1）大まかな形をとる　　　（2）輪郭線を描く　　　（3）陰影をつける

明るい面　　　かげになる面

➡ 美術作品を見てレポートにまとめる

ポイント 先生によって扱う作品が違うので，鑑賞した作品の特徴・作者名・制作年代・作品タイトルなどをまとめておこう。鑑賞レポートのフォーマットが自由な場合は，こんな感じでまとめて！

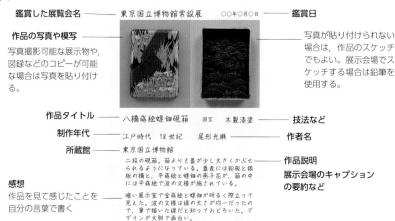

鑑賞した展覧会名 ——— 東京国立博物館常設展　　　○○年○月○日 ——— 鑑賞日

作品の写真や模写
写真撮影可能な展示物や，図録などのコピーが可能な場合は写真を貼り付ける。

写真が貼り付けられない場合は，作品のスケッチでもよい。展示会場でスケッチする場合は鉛筆を使用する。

作品タイトル ——— 八橋蒔絵螺鈿硯箱　　国宝　木製漆塗 ——— 技法など
制作年代 ——— 江戸時代　18世紀　　尾形光琳 ——— 作者名
所蔵館 ——— 東京国立博物館

二段の硯箱。箱よりも蓋が少し大きくかぶせられるようになっている。蓋表には鉛板と銀板の橋と，平蒔絵と螺鈿の燕子花が，箱の中には平蒔絵で波の文様が施されている。 ——— **作品説明**
展示会場のキャプションの要約など

感想
作品を見て感じたことを自分の言葉で書く

暗い展示室で金蒔絵と螺鈿が明るく際立って見えた。波の文様は線の太さが均一だったので，筆で描いた線だと知っておどろいた。デザインが大胆で面白い。

美術

➡ 友達の作品の中で優れていると思ったものを選んで感想を書く

ポイント 仲がいい子の作品を選ぶのはやめよう！　選び方は，多少下手でも「**自分は気づかなかった・しなかった工夫をしている子**」。あえてみんなが選びそうな上手な子の作品ではなく，「えっ，この子の作品？」と思う作品の細かい工夫を指摘すると先生の印象に残るかも！

✧ 内申点アップ↗のコツ ✧

● 絵や造形が上手か下手かよりも，授業で言われたポイントを作品に反映できているかどうかが大切。作品提出の課題では，どのような点を工夫したのか，言葉で説明できるようにしておこう。

● 鑑賞の課題では，「すごい」「きれい」だけでなく，「こういうところが気に入った」「こういうところに作者の工夫を感じた」といった視点で感想を書くとよい。

1 健康の成り立ちと病気

健康の成り立ちと病気の要因

☐ **日本での衛生的な生活環境の実現，保健・医療水準の向上**
平均寿命が延びた。

→その反面，**食生活**，運動不足などの生活習慣が原因となる病気
にかかる人の割合が増えた。

☐ **病気の発生要因**　個人に属する要因である主体の要因と，個人の
まわりの環境の要因に分けられる。

①主体の要因　・年齢や体質，性，抵抗力などの先天的な素因。

　　　　　　　・食事，睡眠，運動などの状況や喫煙，飲酒などの
習慣といった，**後天的な**生活行動や習慣。

②環境の要因　・温度や湿度，有害化学物質などの**物理・化学的環**
境。

　　　　　　　・細菌やウイルスなどの生物学的環境。

　　　　　　　・保健・医療機関，保健・医療制度や人間関係など
の社会的環境。

> **■〈差〉がつく**
> 主体の要因のなかでも「素因」は生まれもったもの，それ以外は後から身についたもの。

↑主体の要因と環境の要因

運動と健康

☐ **運動の効果**　★1　適度な運動をすると→体の各器官の発育・発達，健
康の保持増進，体力の向上，**気分転換**（＝心への効果），肥満の防
止，生活習慣病の予防。

☐ **現代社会**　機械化，利便化の反面，運動の機会が減少し，**運動不**
足や肥満や生活習慣病のおそれ。

☐ **生涯にわたる健康の保持増進**　年齢や環境に応じた適度な
運動習慣を身につける必要性。

→生涯にわたって運動を続けるには早いうちから運動習慣を身に
つける必要。

> **先生の目**
> 運動の効果にはどのようなものがあるかもおさえておこう。

★1　過剰な運動を繰り返し行
うと，スポーツ障害を起こすこ
ともある。

直前
内申対策

健康の成り立ちと病気の単元では，以下をおさえよう！
①病気の要因の種類　　　　②健康を維持するために必要なこと
③休養の種類とその効果

●特に中学生の時期は体力や運動能力が発達…体力や運動能力を高める運動を継続的（けいぞくてき）に行うのがよい。

食生活と健康

☐ **人間の体**　静かにしているときでも，生命を維持するためにエネルギーを消費。このエネルギー量を基礎代謝量（き そ）という。

☐ **人間が1日に消費するエネルギー量**
基礎代謝量＋運動や生活活動などで消費するエネルギー量

☐ **食事**
・消費したエネルギーを補える。
・さまざまな栄養素をバランスよくとることで，健康な体をつくる。

→
・食事によってとったエネルギー量が消費するエネルギー量より多ければ肥満になり，少なければ痩（や）せたり疲労（ひ ろう）したりする。
・栄養素をとりすぎたり不足したりすると，**健全な発育や発達（えいきょう）に影響をおよぼし，健康にも悪影響が出る。**

休養・睡眠と健康

☐ **疲労**　長時間の学習，運動，作業によりもたらされる。活動の内容や環境条件などによって現れ方に差。作業能率の低下など。

☐ **疲労の蓄積**（ちくせき）　**抵抗力**（ていこうりょく）が低下し，**病気になりやすくなったり**，心によくない影響をおよぼしたりする。

☐ **疲労を回復する方法**　休養と睡眠が最も効果的。
　①休養…休息や入浴，**気分転換**，軽い運動などで，心身の疲労を回復し，緊張（きんちょう）をやわらげたり英気を養ったりする。
　②睡眠…心身の疲労の回復のほかに，体の抵抗力を高めたり，心を安らげたりする効果がある。

調和のとれた生活

☐ **心身の健康**　心身の健康のためには調和のとれた生活が必要。
　→運動，食事，休養・睡眠の調和がとれた生活を送る。

☐ **適切な生活習慣**　年齢や状況にあわせて身につける必要。

差がつく
人間は活動をしていなくてもエネルギーを消費している。

差がつく
目の疲れ，かたがこる，など，疲労の現れ方はさまざまである。

保健体育

体の器官の発育と発達

体の発育・発達

- ☐ **発育** 体の大きさや重さが増すこと。
- ☐ **発達** 体の働きが高まること。
  - ●身長や体重の増加は，骨，筋肉，心臓，肺など体のさまざまな器官が発育している証拠。
- ☐ **発育急進期** 生まれてから大人になるまでに，多くの器官が急速に発育する時期。それぞれの器官は早く発達したり，遅く発達したり，順番がちがったりと発育・発達する時期や程度に個人差がある。
  - ●第1発育急進期…乳児期（0～2歳頃）。
  - ●第2発育急進期…思春期（小学校高学年から高校生）。
- ☐ **各器官の発育・発達の特徴**
  - ●神経…脳，脊髄など。ほかの器官と比べて，生後最も早く発育し，4歳頃には大人の約80％に達する。
  - ●リンパ器官…胸腺，へんとう，リンパ節など。思春期には大人の2倍ほどの大きさに発育しているが，以後は小さくなる。
  - ●呼吸器・循環器…肺，心臓など。身長や体重などと同じように思春期に急速に発育する。
  - ●生殖器…精巣，卵巣，子宮など。発育は非常にゆっくりであるが，思春期になると急激に進む。
    →生殖機能が発達し，男女の体にそれぞれ特徴的な変化が起こる。

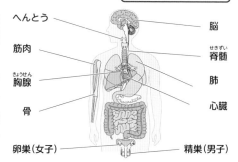

へんとう
筋肉
胸腺
骨
卵巣（女子）

脳
脊髄
肺
心臓
精巣（男子）

↑体のさまざまな器官

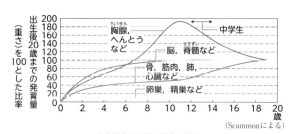

出生後20歳までの発育量（重さ）を100とした比率

胸腺，へんとうなど
中学生
脳，脊髄など
骨，筋肉，肺，心臓など
卵巣，精巣など

（Scammonによる）

↑各器官から見た発育の仕方

□ **思春期の生活** バランスの良い**食事**，適度な**運動**，十分な**休養・睡眠**をとることが大切。

→体のよりよい発育・発達につながる。

呼吸器・循環器の発育・発達

□ **呼吸器** 鼻，気管，肺など。空気中から**酸素**を取り入れ，**二酸化炭素**を体外に出す働きをする。

□ **呼吸器の発育・発達** 肺胞の数が増えて肺全体が大きくなることで，1回の呼吸でより多くの空気を取り入れられるようになる。

→肺活量の増大・呼吸数の減少

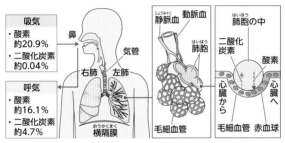

↑呼吸器の仕組み

□ **循環器** 心臓，血管など。心臓のポンプ作用で，**酸素**や**養分**を血液により**全身**に運び，不要になった**二酸化炭素**を回収して**肺**に送る。

□ **循環器の発育・発達** 心臓が大きくなり**収縮する力**が強まる。

→拍出量の増大・心拍数の減少。

□ **思春期の運動の重要性** 体の各器官が急速に発育・発達する**思春期**には，多くの酸素や栄養が必要となる。

→適度な**運動**の繰り返しはより多くの**酸素**を**全身**に届けるため，呼吸器・循環器の働きを高めることにつながる。

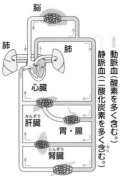

↑血液循環の仕組み

脳
肺　　肺
心臓
肝臓
胃・腸
腎臓
筋肉やその他の器官

動脈血（酸素を多く含む。）
静脈血（二酸化炭素を多く含む。）

83

保健体育

3 生殖器の発達（せいしょく）

生殖機能の成熟

■差がつく

ホルモンは体の各器官の発達を促したり，体の働きを調節したりする物質。

□ **思春期の体の変化**　脳の**下垂体**から分泌される**性腺刺激ホルモン**（ぶんぴつ）（せいせんしげき）の働きによって**生殖器**が発育・発達する。

●**女子**…**卵巣**（らんそう）の発達で**女性ホルモン**が大量に分泌。

●**男子**…**精巣**の発達で**男性ホルモン**が大量に分泌。

→男女それぞれに体の**特徴**（とくちょう）が現れてくる。

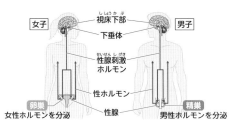

↑性ホルモンの分泌の仕組み

□ **生命を生み出す機能の成熟**

●**女子**…女性ホルモンの働きで**排卵**（はいらん）・**月経**が起こる。

●**男子**…男性ホルモンの働きで**射精**が起こる。

（**生殖機能の成熟の仕方は一人ひとりちがう。**）

□ **排卵**　卵巣の中で成熟した**卵子**が約 28 日に 1 度の**周期**で，卵巣の外に出される。

□ **月経**　排卵の周期に合わせて厚くなった**子宮内膜**（ないまく）は，**受精**が起こらない場合は約 4 週間に 1 度，剥（は）がれて体外に出される。初めての月経を**初経**という。

■差がつく

子宮内膜が厚くなることで受精卵が着床（ちゃくしょう）しやすくなる。

□ **射精**　精巣の中でつくられた**精子**が，精のうや前立腺（ぜんりつせん）からの分泌液と混ざって**精液**となり，性的な刺激や興奮によって尿道（にょうどう）を通って体外に出される。初めての射精を**精通**という。

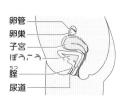

↑女子の生殖器のつくり

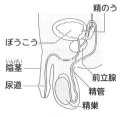

↑男子の生殖器のつくり

先生の目

男女それぞれの生殖器のつくりについてもおさえておこう。

直前

生殖器の発達の単元では，以下をおさえよう。

①月経，射精の仕組みとそれらの意味　②受精と妊娠の仕組み

③性意識や性情報への適切な向き合い方

☐ 受精と妊娠の仕組み

①女子の膣の中に放出された**精子**が，卵管で**卵子**と結合（**受精**）して

<u>受精卵</u>となる。

②受精卵が細胞分裂を繰り返しながら卵管から**子宮**へと運ばれる。

③受精卵が**子宮内膜**に<u>着床</u>する→**妊娠**が成立。

④着床した受精卵は母体から栄養分を受けて，<u>胎児</u>へと成長してい

く。

> **■¶差がつく**
>
> 受精卵が着床してから赤ちゃんが生まれるまでの期間を妊娠という。

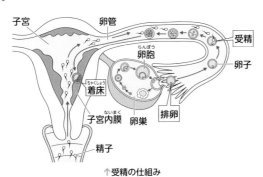

↑受精の仕組み

性とどう向き合うか

☐ **性的関心の高まり**　性ホルモンの働きで<u>性的関心</u>が高まる。（異

性への関心，「特定の人と交際したい」などの感情が生じる。）

→「相手に触れてみたい」などの<u>性衝動</u>が起こることもある。

☐ **性意識の個人差**　性に対する考え方・行動の仕方は一人ひとり

<u>異なる</u>。独りよがりに状況を捉えて行動すると，相手をきずつけ

ることもある。

→**多様な考え方を理解すること**，<u>互い</u>を<u>尊重</u>した行動をとること

が大切。

☐ **性情報**　身近な人やさまざまなメディアを通じて得られる。（事実

がゆがめられていたり，犯罪に巻き込まれたりする情報もある。）

→**正しい判断，責任ある行動をとることが重要。**

●インターネット上に個人情報を安易に公開しない。

●起こる結果や<u>危険を予測</u>したうえで行動を<u>選択</u>する。

●不安があるときは<u>信頼</u>できる大人に相談する。

> **■¶差がつく**
>
> 性情報を得るメディアには，インターネット，テレビ，雑誌，SNSなどがある。

4 心の発達と発育

心の発達

☐ **心の働き**　大脳の働きの一部。経験，学習などの刺激により，大脳の神経細胞のつながりが複雑化。

　　→心の働きが発達。

☐ **心の働きの分類**

　①知的機能…言葉を使う，理解する，記憶する，考える，判断するなどの力。幼い子どもの知的機能は，家族など身近な人との関わりの中で発達する。

　②情意機能…喜び，悲しみ，怒りなどの感情と，意思。感情は人や社会との関わり，さまざまな経験の積み重ねにより発達する。意思は達成感や充実感によって発達する。

　③社会性…他者に対する態度，考え方，行動の仕方など。人間関係を通して，多様な考え方や社会的ルールを理解していく中で発達する。

　　→親などへの依存から抜け出す。自立心の芽生え。

自己形成

☐ **思春期の心**　「自分はどんな人間か」「他者と自分の違い」「他者から見た自分」を意識。

　　→理想と現実の自分を比べながら試行錯誤する。

　　→自分と他者についての理解が深まる。

　　→自分なりの考え方，行動の仕方，生き方がつくられていく。

　　　＝自己形成

☐ **心の健康**　心の働きが発達して自己形成が進み，自分らしい生き方を考えられる状態。

　●知的機能の発達…問題の発見および適切な解決方法の選択が可能になる。

　●情意機能の発達…他者や自分の感情に気づくことができる。自分の思いの適切な表現ができる。

　●社会性の発達…他者との関わり方が適切にできる。

■ 差 がつく
スポーツ，読書，人や自然との関わり，学習などさまざまな経験を通して大脳が刺激されることで，心の働きは発達する。

■ 差 がつく
自立心とは人に頼ることなく，自分のことは自分で決めようとする気持ち。

■ 差 がつく
3つの心の働きが発達することで自己形成が進み，豊かな心が育っていく。

先生の目
社会性が発達することで，できるようになることもおさえておこう!

直前

内申対策 ３つの心の働きとその発達の仕方についてよく問われるのでおさえておこう！ また，欲求不満やストレスへの対処の方法にはどのようなものがあるかも整理しておくといいよ。

欲求不満やストレスへの対処

☐ **心と体の関わり** 大脳と体のさまざまな器官は，自立神経やホルモンを通して影響し合っている。

　→心の状態が体に現れたり，体の状態によって心が変化したりする。

　　・緊張（心）→脈拍の増加（体）

　　・体の痛み（体）→集中できない（心）

　→心と体が影響し合うことを意識しながら心の健康を保っていくことが大切。

☐ **欲求** 欲しい，したいと思う心の働き。

　●生理的欲求…生命を維持するための基本的欲求。

　●心理的・社会的欲求…社会生活の中で発達する人間関係の欲求と成長の欲求。

☐ **欲求不満** 欲求が満たされない時に起こる不快な感情が欲求不満。不安，怒り，いらいらなど。長引くと心身の健康に悪影響。

　→欲求をよく分析して実現の方法を冷静に考える。欲求と上手に付き合うことが重要。

心理的・社会的欲求　成長の欲求 / 人間関係の欲求

生理的欲求　生存の欲求

（Alderferによる，一部改変）

↑欲求の種類

☐ **ストレス** 周りからのさまざまな刺激によって心や体に負担がかかった状態をストレスという。

　●ストレスの影響…原因自体の大きさ，受け止める人の状態によって異なる。

　●適度なストレス…心の発達につながる。

　　→ストレスを課題解決の原動力として次の機会に生かせる。

　●過度なストレス…心身に悪い影響を与える。

　　→状況によって適切な対処法を選択することが必要。

☐ **ストレスへの対処**

　●対処法…原因を探り解決する，趣味や運動，リラクセーションなどで気分転換する，誰かに相談する，物事の考え方を見直すなど。

　●コミュニケーション…原因にも対処法にもなる。

　　→上手なコミュニケーションの方法を身につけることが大切。

差がつく

欲求は，生理的欲求→心理的・社会的欲求の順に発達し，思春期には後者が複雑化する。

先生の目

それぞれの欲求にどんなものがあるか，分類できるようにしておこう。

差がつく

会話や SNS でのコミュニケーションによってストレスを感じることもあれば，相談してコミュニケーションをとることでストレスが軽くなることもある。

保健体育

87

保健体育

5 生活習慣病

生活習慣病の起こり方

差がつく

がん，心臓病，脳卒中などは，日本人の死因の上位を占める。

☐ **生活習慣病** 生活習慣が影響して起こる病気が<u>生活習慣病</u>。

●原因となる生活習慣…運動不足，不適切な食生活，強いストレス，睡眠不足，喫煙や過度の飲酒，口腔内の不衛生など。

☐ **生活習慣病の起こり方**

・ストレス，**塩分の多い食事**→<u>高血圧</u>
・運動不足，**脂肪分の多い食事**→<u>動脈硬化</u>(血管が硬く，もろくなる)
・**食べすぎ**，運動不足→<u>糖尿病</u>
・不適切な歯磨き，喫煙，**糖分のとりすぎ**→<u>歯周病</u>

→心臓病，脳卒中，糖尿病の合併症などになるリスクが高まる。

※生活習慣病は気づかないうちに進行する。

差がつく

動脈硬化は，心臓病や脳卒中の発症確率を高める。

不適切な生活習慣	→ 自覚症状の少ないまま病気が進行する	→ 重い症状が現れる
●睡眠不足		●心臓病…狭心症，心筋梗塞など
●ストレス過剰	●肥満	
●カロリー過多	●高血圧症	●脳卒中…脳出血，脳梗塞など
●運動不足	●脂質異常症(高脂血症)	
●塩分の多い食事	●糖尿病	●糖尿病の合併症…目の病気(失明)腎臓の病気など
●喫煙・飲酒	●血管の変化	

↑生活習慣病の進行

差がつく

不適切な生活習慣を続けることは，重い病気や症状の発生につながる。

☐ <u>脳卒中</u> 血管が破れる**脳出血**，血管が詰まって起こる**脳梗塞**。

☐ **心臓病** 血管の内側が狭くなって心臓の筋肉の酸素不足が起こる**狭心症**，血管が詰まって起こる**心筋梗塞**。

☐ **糖尿病** 血液中の<u>ブドウ糖</u>が増えてしまう病気。血管が傷ついて腎臓や目，神経の障害などさまざまな病気を引き起こす。

☐ **歯周病** 口の中の細菌によって**歯垢**がたまることで**歯肉の炎症**を引き起こす。進行すると歯が抜けることもある。

先生の目

脳卒中と心臓病，それぞれについて，二種類の病気があることと，それらの違いをおさえよう。

健康な状態

軽度歯周病(歯肉炎)

重度歯周病

歯を支えていた骨が溶ける

↑歯周病の進行

直前

生活習慣病の単元では，まず病気や症状についての用語と意味をしっかり整理しよう。そのうえで，生活習慣との関係，予防の方法などをおさえていくといいよ。

生活習慣病の予防

☐ **健康増進・発病予防** 適度な運動，バランスの良い食生活，睡眠や休養などを行う。

→生活習慣を望ましいものにする（一次予防）。

☐ **早期発見・早期治療** 定期的な検査，体重などの自己管理を行う。

→生活習慣病の進行をおさえたり，改善したりできる（二次予防）。

☐ **社会の取り組み** 生活習慣病になりやすい現代の社会において必要。健康診断（**特定健康診査**）・保健指導，健康情報の提供，運動施設の整備など。

→個人の取り組み，健康的な生活習慣づくりを支える。

●子どもの頃から望ましい生活習慣の継続が大切。

→生活習慣病の予防，健康な生涯につながる。

健康増進・発病予防	早期発見・早期治療	社会の取り組み
●運動 ●栄養 ●休養 ●喫煙や過度の飲酒をひかえる	●自己管理 　・体重の管理 　・血圧の管理 ●検査	●運動施設の整備 ●さまざまな健康づくり活動 ●健康情報の提供 ●健康診査や健康指導

↑生活習慣病の予防

がんとその予防

☐ **がん** 正常な細胞が異常な細胞（がん細胞）に変化して無秩序に増殖し，器官の働きを侵してしまう病気。**さまざまな器官で起こる。**

●要因…細菌・ウイルスの感染，生活習慣（喫煙，過度な飲酒，不適切な食生活，運動不足など）。

☐ **がんの予防**

●生活習慣の改善…食生活の見直し，禁煙，節酒など。

→がんの発生を減らすことができる。

●健康診断，がん検診の受診…自覚症状がない早期に異常を発見。

→早期発見・早期治療によって回復しやすくなる。

■⟨差⟩がつく

生活習慣病は初期には自覚症状がなく気づきにくいため，定期的な健康診断を受けて発見することが重要。

■⟨差⟩がつく

生活習慣は子どもの頃につくられるので，早くから生活習慣に気をつけることが大事。

先生の目

生活習慣病やがんの予防のために大切なことを，自分の生活を振り返りながらおさえておこう。

■⟨差⟩がつく

不適切な生活習慣の積み重ねが，がん細胞の発生につながる。

保健体育

6 喫煙（きつえん）・飲酒・薬物

喫煙と健康

☐ **たばこの有害物質**　たばこの煙（けむり）には 200 種以上の有害物質。

- ●タール…肺の機能を低下させる。多くの発がん物質を含む。
- ●ニコチン…血管を収縮させる。依存性（いぞんせい）がある。
- ●一酸化炭素…酸素の運搬（うんぱん）を妨害（ぼうがい）する。血管を傷つける。

☐ **喫煙の健康への影響（えいきょう）**

- ●短時間で現れる症状（しょうじょう）…せき，たん，毛細血管の収縮による心臓への負担，運動能力の低下など。
- ●長期間の喫煙の影響…肺がん，喉頭（こうとう）がん，心臓病，脳卒中，COPD（慢性閉塞性肺疾患（まんせいへいそくせいはいしっかん））など。また，依存症を引き起こし，やめられなくなる。

☐ **依存性**　発育・発達が盛（さか）んな時期の体は有害物質の影響を受けやすく，依存症になりやすい。早い時期からの喫煙は体に悪影響。**法律により 20 歳未満（さい）の喫煙は禁止。**

☐ **周りの人への影響**　喫煙者の近くにいる人も，たばこの先から出る煙（けむり）（副流煙（ふくりゅうえん））の害を受ける。副流煙には，喫煙者がたばこから吸い込む煙（主流煙）よりも多くの有害物質が含まれる。

飲酒と健康

☐ **酒の主成分**　アルコール（エチルアルコール）は脳の働きを鈍（にぶ）くする。思考力，自制心，運動能力の低下。

　　→事故，事件につながりやすい。飲酒運転の禁止。

☐ **飲酒の健康への影響**

- ●短時間に大量摂取→急性アルコール中毒により死亡することも。
- ●長期間の過度な飲酒→アルコール依存症になり日常生活が困難になることも。脳，肝臓（かんぞう）など全身の器官に悪影響。

☐ **発育・発達期のアルコールによる悪影響**

- ●脳の萎縮（いしゅく）→集中力，記憶（きおく）力の低下。
- ●性ホルモンの分泌（ぶんぴつ）異常→生殖器（せいしょく）の働きに障害。
- ●急性アルコール中毒，アルコール依存症になりやすい。

　　→法律により 20 歳未満の飲酒は禁止。

差がつく

たばこの有害物質は肺から吸収されると血液で全身に運ばれるため，体にさまざまな影響が出る。

差がつく

飲酒により運動能力や判断力が低下するため，飲酒運転は禁止されている。

先生の目

法律によって 20 歳未満の喫煙や飲酒が禁止されている理由を，健康との関係から答えられるようにしておこう。

内申対策

喫煙・飲酒・薬物の単元では，以下をおさえよう！
①喫煙の害と健康への影響　②飲酒の害と健康への影響　③薬物乱用の害と
健康への影響　④喫煙・飲酒・薬物乱用の要因と適切な対処の仕方

薬物乱用と健康

☐ **薬物乱用**　医薬品を医療目的以外に使用したり，医療目的でない
不正な薬物を使用したりすることを薬物乱用という。医薬品をス
ポーツの競技力向上のために使用するドーピングも問題。

☐ **乱用される薬物**　覚醒剤，大麻，有機溶剤など。

☐ **健康への影響**　脳に直接作用するため，心や体に多大な悪影響。
　●幻覚・妄想，記憶障害，歩行困難，錯乱状態，突然死など。

☐ **薬物乱用の悪循環**　1度でも乱用すると使い続けたくなる。

　●乱用→ひとときの快楽→薬が切れて苦痛→依存症状→増量・さら
　なる薬物乱用

　●依存症状…薬物が切れるとまた使いたくなる症状。薬物への欲求
　が抑えられない精神的苦痛と，倦怠感や震えなどの身体的苦痛。

　→自分の意思ではやめられなくなる。

　→心身の健全な発育・発達，人格形成を大きく妨げる。

薬物乱用の社会への悪影響

☐ **生活の崩壊**　薬物乱用により人格形成が阻害される→家庭，学校，
友人関係などで多くのトラブル。暴力，学習不適応，孤立など。

☐ **犯罪・事故**　薬物入手のための強盗や密売，幻覚・妄想による暴
力行為や凶悪犯罪など。

喫煙・飲酒・薬物乱用の要因と適切な対処

☐ **要因**
　●個人の要因…好奇心，投げやりな気持ち，誘いを断れないなど。
　●社会的環境の要因…メディアの宣伝や広告，入手のしやすさ，
　誘いを断りにくい人間関係など。

☐ **適切な対処**
　●害について正しく理解する。
　●自分を大切にする気持ちと，手を出さない強い意思をもつ。
　●誘いの断り方を身につける。
　●社会における対策，厳しい取り締まり，罰則について理解する。

差がつく
薬物の不正な使用は，1
回の使用でも乱用になる。

差がつく
薬物乱用で脳のダメージ
を受けた部分の働きが低
下することで，心身にさま
ざまな症状が現れる。

差がつく
薬物乱用は，個人の健康
だけでなく社会全体にも大
きな被害を与える。（法律
で厳しく禁止されている。）

↑きっぱり断ろう

7 傷害の要因

傷害の発生要因

☐ **傷害の発生** 　事故や自然災害によってさまざまな傷害が発生，死者が出ることもある。中学校では，**体育の授業や部活動での運動中**に傷害が多く発生。

☐ **傷害が起こる要因** 　人に関わる人的要因と，人を取り巻く状況の環境要因に分けられる。

● **人的要因**…心身の状態や行動。急いでいる，前方不注意など。

● **環境要因**…物や場所の状態，気象条件。施設の不備や破損，大雨，強風など。

☐ **傷害の防止** 　それぞれの要因に応じた対策をとることが大切。

● **人的要因に対して**…心身の状態や状況を把握して安全に行動する。(危険予測・危険回避)

● **環境要因に対して**…障害につながるおそれのある場所や物の点検・整備・改善など。

人的要因		事故 傷害	環境要因	
心身の状態	行動の仕方		危険な場所	自然の悪条件
・体調不良	・危険な行動		・暗い	・雨や雪
・眠い	・過剰な運動		・立入禁止	・強風
・焦り				

↑傷害の要因の例

差がつく
傷害は，人的要因と環境要因が関わり合って発生する。

交通事故の発生要因

☐ **中学生の交通事故** 　多くが自転車事故。ルール違反や安全確認不足などが原因。自転車と歩行者の事故も多い。

☐ **交通事故が起こる要因**

● **人的要因**…人の状態。飛び出しや信号無視などの危険行動，焦り，睡眠不足など。

● **環境要因**…道路環境，気象条件。道路が狭い，雪など。

● **車両要因**…車両の状態。整備不良，停止距離，内輪差，死角など。

↑内輪差

差がつく
自動車が曲がるとき，後輪が前輪より内側を通ることを，内輪差という。

差がつく
人的要因には，体調や精神の不安定のほかに，交通ルールを守らない危険行動，「これぐらいなら大丈夫だろう」という心理などもある。

傷害の要因では，発生要因の種類とそれらへの適切な対策についてよく問われるのでしっかりおさえておこう！ また，危険の予測と回避の方法にはどのようなものがあるかも整理しておくといいよ。

交通事故の防止

☐ **危険予測** 交通事故を防ぐためには早めに危険に気づく<u>危険予測</u>が大切。**人的要因，環境要因，車両要因**の３つの視点から予測。危険は見え方の違いで，<u>顕在危険</u>と<u>潜在危険</u>に分けられる。

●<u>顕在危険</u>…目に見える危険。交通渋滞，車両の故障など。

●<u>潜在危険</u>…目に見えない危険。他の車両の動き，死角など。

☐ **危険回避** 予測した<u>危険</u>を<u>回避</u>する。<u>交通法規</u>を理解して守り，**安全な行動**をとることが重要。

■<差がつく>

交通法規を守ること，危険予測で気づいた危険を回避していくことが安全につながる。

顕在危険	道路状況	交差点，カーブ，下り坂 など	潜在危険	自分の心身状態	疲れ，焦り，自信過剰 など
				他者の状態	見落とし，脇見 など
	交通状況	走行車両，歩行者 など		行動	急停止，急発進，飛び出し など
	環境条件	雨，雪，霧，夜間 など		死角	駐停車車両，建物，塀，植えこみ など

↑さまざまな危険

☐ **安全な交通環境** 交通事故を防ぐには<u>交通環境</u>の整備が必要。

●信号機や道路標識の設置

●道路の整備…自転車専用通行帯，コミュニティ道路など。

●交通規制の実施…ゾーン30[1] など。

☐ **車両の整備** 車両の<u>欠陥</u>は交通事故につながる。

→乗車前の<u>点検・整備</u>が重要。

先生の目

交通環境の整備にはどのようなことがあるかもおさえておこう。

犯罪被害の防止

☐ **犯罪被害が起こりやすい場所** 人通りの少ない道，周囲から見えにくい場所など。

☐ **犯罪被害が起こりやすい場面** 一人で夜道を歩くなど。

→危険に<u>近づかない</u>。できるだけ<u>一人</u>にならない。周囲に注意する。危険が迫ったら<u>逃げる</u>，**大声を出す**などの対策が重要。

☐ **防犯の取り組み** 自分の住む<u>地域</u>でされている取り組みを知ることが必要。一人ひとりの防犯意識とともに，**地域社会の連携**が大切。

[1] 学校の近くや住宅地などでは最高速度を時速 30 キロに制限すること。

保健体育

93

保健体育

8 自然災害・応急手当

自然災害から身を守る

□ **自然災害** 自然現象によって起こる災害を自然災害という。地震，
台風，大雨，火山噴火など。一次災害と二次災害がある。

□ **一次災害** 自然災害の発生直後に起こる被害。
- ●地震による一次災害…建物の倒壊，家具の転倒，物の落下や破損
  など。
  - →大きな傷害を引き起こし，死者が出ることもある。

□ **二次災害** 自然災害の発生後に続いて起こる被害。
- ●地震による二次災害…津波，土砂崩れ，火災，地割れ，液状化など。
  - →電気・ガス・水道などのライフラインに影響。被害を拡大し死
    傷者が出ることもある。

↑土砂崩れによる被害

↑津波による被害

> **■ 差 がつく**
> 大きな自然災害が発生した
> ときには，発生直後だけで
> なく時間が経過してからも
> さまざまな危険が生じる。

□ **災害への備え**
- ・塀や家の補強，家具の転倒防止対策，器物の落下防止対策。
- ・水や食料の備蓄。
- ・地域環境の確認。
- ・避難する場所・避難する経路の確認。
- ・防災訓練への参加。
  - →日頃からの備えが被害を抑える。

> **■ 差 がつく**
> 地域に氾濫しやすい川や
> 倒壊しやすいブロック塀が
> ないかなど，地域環境に
> ついて確認しておくことも
> 大切。

□ **災害発生時の行動**
- ・メディアを利用して正確な災害情報を把握する。（緊急地震速報・
  気象に関する警報など）
- ・状況を的確に判断し，自分と周囲の人の安全を守る。
- ・落ち着いて迅速に行動する。

自然災害／応急手当の単元では，自然災害における一次災害と二次災害の特徴と，日頃からしておくべき備えについて，また災害時にも必要となる応急手当の意義とその基本的な方法についておさえておこう！

応急手当の意義と方法

☐ **応急手当**　傷病の現場での**一時的な手当て**が応急手当。周囲の様子や**傷病者の反応**を確認して状況を把握し，**適切な手当て**や**通報**。

● 応急手当の意義
- ・傷病者の**不安や苦痛を軽く**する。
- ・傷病の悪化を防ぎ生命を守る。
- ・治療の効果を高め，早い回復につなげる。

→応急手当の意義と方法を理解しておくことは，傷病者を発見した際，適切に行動し，生命を救うことにつながる。

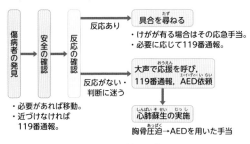

↑応急手当の手順

☐ **傷の応急手当**
- ・出血を止める。→直接圧迫止血法により止血。
- ・傷口を洗い，清潔に保つ。→**細菌の感染**を防ぐ。
- ・患部を冷やし，**痛みを和らげる**。
- ・骨折や捻挫は包帯法で患部を固定。

☐ **心肺停止**　心臓や肺の動きが停止し，各器官への酸素供給が止まった状態が心肺停止。命の危険・後遺症を応急手当で防げる。
- →傷病者の反応や呼吸がないときは心肺停止と判断する。
  119番通報を依頼，AED（自動体外式除細動器）の手配後，迅速に心肺蘇生を実施。

☐ **心肺蘇生法**　止まった心臓や肺の働きを助ける。胸骨圧迫や人工呼吸，AEDにより実施。
- ●**胸骨圧迫**…心臓が圧迫されて人工的に**血液が循環**。（→ p.126）
- ●**人工呼吸**…呼気を吹き込むことで人工的に**酸素を供給**。（→ p.126）
- ●**AED**…電気ショックで**心臓の動きを正常に**。

差がつく

応急手当の開始が早いほど救命の可能性が上がったり，その後の回復が早まったりする。

先生の目

なぜ応急手当が必要なのかをしっかり理解しておこう。

差がつく

AEDがある場合はAEDを使用する。

保健体育

9 感染症と予防

感染症の広がり方

☐ **感染** 病原体(ウイルスや細菌など)が人の体に入り込んですみつき殖えていく状態を感染という。

☐ **感染症** 病原体に感染することで引き起こされる病気を感染症という。インフルエンザ,麻疹,コレラなど。

☐ **感染経路** 病原体が人の体に入り込む道筋を感染経路という。**病原体の種類によって異なる。**飛まつ感染,空気感染,経口感染など。

☐ **発病(発症)** 感染によって体にさまざまな症状が現れた状態を発病という。発熱,せき,発疹など,**病原体によって症状は異なる。**

☐ **潜伏期間** 感染から発症まで症状が出ない期間を潜伏期間という。

☐ **感染・発病の条件** 環境の条件と主体の条件が関わる。病原体が体内に侵入しても条件により感染・発病しないときもある。

  ● 主体の条件…人の**抵抗力**の状態,栄養状態など。

  ● 環境の条件…温度,湿度,**交通**,人口密度など。

感染症の予防

☐ **予防対策**

  ● 発生源をなくす。(感染源の殺菌,消毒,除去など。)

  ● 感染経路を断ち切る。(手洗い,うがい,換気,マスク,学級閉鎖など。)

  ● 体の抵抗力を上げる。(十分な栄養・休養,予防接種による**免疫**)

☐ **病気からの回復** 早期の治療,周囲へ感染させない配慮が重要。

性感染症と予防／エイズと予防

☐ **性感染症** 性的接触により皮膚の傷口や性器の粘膜などから感染。感染後も発病しないもの,自覚症状がないものも多い。**性器クラミジア感染症,梅毒**など。

  → 気づかないうちに感染を広げる可能性。治療せずに放置→不妊や胎児への感染(母子感染)。

  ● 予防対策…性的接触をもたない。コンドームを正しく使用する。

差がつく

せきやくしゃみなど飛まつを直接吸い込むことを飛まつ感染,飛まつによって放出され,空気中に漂った病原体を吸い込むことを空気感染という。

差がつく

病原体は体内に侵入しても増殖しない場合もある。増殖して症状が出た場合だけを「発病」という。

差がつく

予防対策を立てることは,感染のリスクや拡大を抑えることにつながる。

差がつく

性感染症の病原体は精液,腟分泌液,血液などの体液に含まれる。

先生の目

ほかの感染症と比較して,性感染症の特徴についてもおさえておこう。

□ **エイズ**　HIV(ヒト免疫不全ウイルス)により起こる性感染症。「**後
天性免疫不全症候群**」という。

● **感染経路**…**性的接触**，**血液による感染**(注射針の使い回し，かつ
ての血液製剤薬害)，**母子感染**。

● エイズの特徴

・**免疫**の働きの低下→病気になりやすい。

・エイズの発病までは**無症状**の場合が多い。
・**潜伏期間**が長く，その間も**感染力**がある。 }→感染拡大の原因。

● **エイズの予防**　他の性感染症と同様に対策をとる。感染の不安が
ある場合は**保健所**などに相談し**検査**が可能。

→早期発見し適切な治療を受ける。→感染拡大を抑える。

■■ 差 がつく

エイズが発病すると免疫の
低下により，感染症・がん
などにかかりやすくなる。

健康を守る社会の取り組み

□ **社会の役割**　**厚生労働省**(国)，**保健所**や**保健センター**(地域)が中
心となり，個人の健康活動を支援。**健康増進法**などに基づいて活動。

□ **保健機関**　病気の予防，健康の保持増進のためにある地域の施設。

● 保健所…**都道府県や政令市**などが運営。乳幼児の健康診査，食中
毒予防など**専門的・広域的**なサービスを実施。

● 保健センター…**市町村**などが運営。**健康相談**，健康教室など**地域
の身近な保健サービス**を実施。→健康を守る社会の取り組みによ
って，個人では解決できない健康課題を解決。

■■ 差 がつく

健康増進法は国民の健康
の増進を目指して定められ
た法律。個人のほかに国・
地域の義務も定められて
おり，例えば，地域では健
康診断を行うようになって
いる。

保
健
体
育

医療機関と医薬品の利用

□ **医療機関**　病気やけがの回復のために利用。**診療所**，**病院**など。

● 利用の仕方

・日常的な病気やけがの診療や相談→**かかりつけ医**。

・専門的治療，入院・手術→(かかりつけ医の紹介で)**総合病院**，
大学病院。

□ **医薬品**　病気の治療や予防に使用。医師の処方または薬局で購入。

● 主作用…本来の目的にあった好ましい働き(＝**使用の目的**)。

● 副作用…本来の目的から外れた好ましくない働き。

→決められた**使用方法**(回数・時間・用量)を守ることが重要。

 先生の目

医療機関の大小と利用の
際の順番はよくおさえてお
こう。

保健体育

10 環境への適応

環境への適応能力

■**差**がつく

環境の変化に対して体が
さまざまに反応すること
で，体の中を一定に保って
いる。

☐ **体の適応能力**　体には暑さ，寒さ，気圧などの変化に対応する
調節機能がある。

- ●適応能力…環境の変化に適応する能力。
- ●調節機能…
  - ・暑いとき→汗を出して熱を逃がす，筋肉が緩ん
    で熱が発生するのを抑えるなど。
  - ・寒いとき→体が震えて熱をつくる，皮膚の血管
    が縮んで熱が逃げるのを抑えるなど。
  - ・空気中の酸素濃度が低いとき→**心拍数**や**呼吸数**
    を増やすことで酸素の摂取量を増やすなど。

- ●適応…**環境の変化**に対して調節機能を働かせて，体内の状態を一
  定にする働き。

■**差**がつく

体には，出入りする熱の量
を調節することで体温を保
とうとする仕組みがある。

暑いとき	寒いとき
●熱の発生の抑制 ・筋肉の緊張を緩める。 ●熱の放射を高める ・皮膚近くの毛細血管を広げる。 ・発汗する。	●熱の発生の促進 ・体が震える(筋肉が緊張する)。 ●熱の放射を抑える ・皮膚近くの毛細血管を縮める。 ・体を縮める。

↑ 気温変化と体温調節のしくみ

先生の目

暑いとき，寒いときに起こ
る体の変化とその効果をお
さえておこう。

☐ **適応能力の限界**　急激で大きい環境の変化には体が適応できない。

- ●適応能力を超えた環境
  - ・気温が非常に高い場所→**熱中症**の危険。
  - ・気温が非常に低い場所→低体温症，**凍死**の危険。
  - ・有害な化学物質が存在する環境→適応が不可能。
    →健康に悪影響。

■**差**がつく

体はどんな環境にも適応
できるわけではなく，適応
能力を超えた環境では体
に大きな危険が生じる。

☐ **環境の変化への対処**

- ・体の適応能力の限界を把握。
- ・気象情報の有効利用。
  →情報を基に行動し適切な対策をとることが大切。

直前

内申
対策

環境への適応の単元では，気温の変化に対して体がどのように体温調節をしているのかがよく問われるので答えられるようにしておこう。さらに，環境を至適範囲にするためにはどのような対策があるかもおさえておくといいよ。

活動に適する環境

☐ **快適な温熱条件**　暑さ，寒さの感じ方は<u>気温</u>・<u>湿度</u>・<u>気流</u>が関係。

- ・高い湿度→暑く感じる。
- ・気流がある→<u>涼</u>しく感じる。

☐ **温熱条件の至適範囲**　快適に能率よく活動がしやすい範囲が<u>至適範囲</u>。体温を一定に保つことが可能。至適範囲には**個人差**がある。

→至適範囲から外れると生活や活動に悪影響を及ぼす。

- ・<u>学習や作業の能率</u>…低下。
- ・<u>スポーツの記録</u>…低下。
- ・**体調不良**。

→暑さ・寒さに対する**適切な調節**が必要。

- ・<u>窓やカーテンの開閉</u>。
- ・<u>衣服</u>の調節。
- ・<u>冷暖房</u>設備の適度な使用。

☐ **明るさの至適範囲**　物が見えやすく，目が疲れにくい<u>明るさ</u>の範囲が<u>至適範囲</u>。

- ・**場所や活動**によって異なる。
- ・**不十分な明るさ**→目の疲れ，**作業能率の低下**，**視力低下**などの原因。
- ・**過度な明るさ**→目の疲れ，目を<u>傷</u>める。

→照明器具の使用，<u>自然光</u>の利用によって明るさを適切に調節することが大切。

100 ルクス	150 ルクス	200 ルクス	300 ルクス	500 ルクス	750 ルクス
廊下	階段	トイレ・洗面所	教室・体育館・職員室	被服室・PC室・実験室・図書閲覧室・保健室	製図室

↑ 学校内の明るさの基準

差がつく

気温・湿度・気流の組み合わせを温熱条件といい，同じ気温でも温熱条件によって暑さや寒さの感じ方が異なる。

差がつく

「室内での細かい作業にはより明るさが必要」など，場所や活動の内容によって明るさの至適範囲が異なってくる。

保健体育

99

11 衛生的管理

室内の空気の衛生的管理

☐ **二酸化炭素の体への影響**
- ●二酸化炭素…呼吸，物の燃焼などで発生。
- ●二酸化炭素濃度…空気の汚れを知る指標。
- ●二酸化炭素の濃度上昇 { ・ちりやほこり，細菌の増加の指標。
  ・温度や湿度の上昇の指標。 }
- ●空気が汚れた部屋…不快感，頭痛，めまい，脈拍数・呼吸数の増加などの症状。

☐ **一酸化炭素の体への影響**
- ●一酸化炭素…物が**不完全燃焼**したときに発生。人体に有毒。無色，無臭の気体。→発生しても気づきにくいため危険。
- ●一酸化炭素の発生源…ガスコンロ，石油ストーブ，炭コンロなど。
- ●一酸化炭素中毒…一酸化炭素が血液中のヘモグロビンと結び付くことで，**全身が酸素不足の状態**になる。→頭痛，吐き気などの症状。意識不明や死に至る場合もある。

☐ **きれいな空気の確保** 室内では定期的な換気が大切。換気扇，窓の開閉，空調設備などを利用。

飲料水の衛生的管理

☐ **体内での水の役割** 生命維持のために不可欠。
- ・体温の調節，老廃物の排出，栄養素の運搬など（体重の50％以上が水分）。
- ・生命維持のために1日2〜2.5Lの水分が必要。

☐ **生活での水の役割** 健康的な生活を送るために不可欠。飲料水や，炊事・洗濯・水洗トイレ・入浴などの生活用水。

☐ **安全な飲料水の確保**
- ●飲料水に有害物質や病原性の生物が混じった場合…深刻な健康被害につながる恐れ（中毒，感染症）。
- ●日本の水道水（上水道の水）…浄水場で浄水処理され，検査で水質基準を満たした衛生的な水。

衛生的管理の単元では，室内の空気，飲料水，廃棄物を衛生的に管理する必要性とその管理の方法についてしっかりとおさえよう。

生活に伴う廃棄物の衛生的管理

□ 生活排水の衛生的な処理

●生活排水→自然環境や健康に悪影響。衛生的な処理が必要。

・風呂や台所などから流された生活雑排水→水質汚濁の原因。

・トイレからのし尿を含んだ水→悪臭，病原体の発生の原因。

●生活排水の処理…下水処理場，浄化槽，し尿処理施設などで適切に処理。→川に放流，トイレ用水に再利用。

※下水道が完備されていない地域…合併処理浄化槽(し尿と生活雑排水を両方処理できる)の整備が進められる。

□ ごみの衛生的な処理

●生活の中で生じるごみ→衛生的な処理が必要。

・生ごみ…放置すると悪臭，ハエやネズミの繁殖，感染症。

・プラスチックや金属…自然環境の汚染，健康被害。

●ごみの処理…市区町村，地域の団体で収集。ごみの種類に応じ焼却，埋め立て，資源化など適切に処理。

●3Rの推進　ごみの発生抑制・再使用・再生利用の取り組み。

→限りある資源を循環させて有効利用する循環型社会へ。

□ 環境汚染と健康

●公害…かつて産業の急激な発達にともなって自然環境が汚染。大気汚染，水質汚濁，土壌汚染，騒音など。環境汚染により多くの健康被害が発生。

→国や自治体の対策(規制や法律の制定)によって徐々に改善。

●環境汚染への対策

・1993年に環境基本法が制定。→計画的，総合的な環境保全への取り組み。

・個人の取り組みも必要…ごみの減量・分別，省エネルギー，資源の再利用，水を汚染しないなど。

・近年は海洋汚染や地球温暖化など地球規模の環境問題が発生。

→国際社会の中で，地球環境への影響を考えながら健康を守っていく取り組みが重要。

■□■ 差 がつく

下水処理場では，魚が生息できる程度まで水をきれいに処理してから川へ流している。

■□■ 差 がつく

生活排水の処理
下水道が整備されている地域→下水処理場
下水道が整備されていない地域→浄化槽

■□■ 差 がつく

3R
リデュース…ごみの発生を抑制
リユース…ごみを再び使用
リサイクル…ごみを資源化して再び利用

 先生の目

3Rのそれぞれの違いをおさえて，例を挙げられるようにしよう。

保健体育

12 スポーツ理論

保健体育

スポーツの捉え方

☐ **スポーツの必要性と楽しさ**　健康の保持増進，仲間との交流，
力や技を競う，感情を表現するなど。

☐ **スポーツの意味の広がり**　スポーツの語源「気晴らし」→「競争
的な運動」→「競技スポーツ」に発展。

●**現代**…誰もが生涯，日常的に楽しめる「生涯スポーツ」が盛ん。

差がつく

スポーツを行う目的，関わり方はさまざまで，自分に合った楽しみ方を見つけて工夫していくことが生涯のスポーツライフを豊かにすることにつながる。

スポーツへの関わり方

☐ **スポーツへの多様な関わり方**　スポーツは実際に「行うこと」
だけでなく，多様な関わり方で楽しむことができる。

●見ること…会場またはメディアを通して観戦するなど。

●知ること…新聞やインターネットにより結果や情報を得るなど。

●支えること…指導者，選手の補助，会場の整備など。

差がつく

例えば体育の授業でも，審判の役目をすると「支えること」の側面になる，というように，様々に関わり方を分類できる。

スポーツの楽しみ方

☐ **楽しみ方の多様性**　自分に合ったスポーツ，楽しみ方を見つける。

・目的，性，年齢などの違いを超えてスポーツを楽しむ能力を高める…ルールを工夫するなど。

・空間，時間，仲間など，スポーツをするための環境を整える。

→生涯にわたる豊かなスポーツライフの実現。

先生の目

スポーツへの関わり方の部類とそれぞれにどのような例があるかを答えられるようにしておこう。

スポーツの効果

☐ **体への効果**

・身体機能の発達，運動技能の上達，体力の維持・向上。

・体力…健康に生活するための体力・運動，スポーツを行うための体力。

☐ **心への効果**

・自分の能力に対する自信や目標・記録をなしとげた達成感。

・ストレス解消，リラックス効果。

☐ **社会性への効果**

・ルールやマナーを尊重する姿勢。

・協力や教え合い…好ましい人間関係の形成。→社会性の発達。

先生の目

スポーツが心身や社会性に対してどのような効果を与えるのかをおさえておこう。

スポーツ理論の単元では，以下をおさえよう！
①スポーツの関わり方や楽しみ方　②スポーツの意義や効果
③国際的なスポーツ大会の役割

スポーツの学び方

☐ **技術・技能・戦術・作戦**　思考を働かせ**合理的な学び方**で習得。

- ●技術…目的に応じた体の動かし方。
- ●技能…個人に身についた技術。
- ●戦術…場面に応じて技術を選んで使うこと。
- ●作戦…前もってどの戦術を使うかを決めた方針。

☐ **効果的な学び方**　①正しい知識を身につける。→②目標や計画を立てる。→③実行して振り返る。→④成果に応じて計画を修正する。

技術・戦術・作戦の違いはおさえておこう。

スポーツの安全な行い方

☐ **安全なスポーツの条件**　自分に合わせた強度・頻度・時間。

☐ **安全対策**　（運動前）**体調確認**, 施設・用具の点検, 準備運動。（運動中）**適切な休憩・水分補給**, 仲間の安全確認。（運動後）**整理運動**, 適切な休息, 施設・用具の点検。

☐ **野外スポーツの注意**　自然についての知識と理解が必要。安全に配慮した計画と準備。気象情報の確認。

スポーツの文化的意義

☐ **スポーツの文化的意義**

- ・健やかな心身の獲得…体力の維持・向上とともに，生きがいのある豊かな人生。
- ・豊かな交流…世代や地域・民族を超えた交流。
- ・自己開発…スポーツを通しての自信・感動など。

■<(差)がつく

国際大会には，オリンピック・パラリンピックのほかに，ワールドカップや，ワールドゲームズなどがある。

スポーツの役割

☐ **国際親善**　オリンピック・パラリンピックなど**国際的なスポーツ**大会による世界中の人々の交流。
→**相互理解**の深まり。**国際親善・世界平和**に貢献。

☐ **人々を結びつける**　出会いや交流の機会。→相互理解。

☐ **違いを超える**　人種・性別・年齢・障害の有無などを超えて交流。

■<(差)がつく

スポーツは世界共通のルールで行われているため, 世界中の人々と交流することができる。

13 体つくり運動・新体力テスト

体つくり運動

☐ **体ほぐしの運動**
- ・体の調子をととのえ，体と心の状態や関係に気づくことができる。
- ・仲間とともに行うなど，さまざまなやり方で行うことができる。
- ・ボールなどの器具や音楽を使ったり，身近なものを利用したりして行うことができる。

■✦差がつく

体と心は相関関係にある。体と心の両方が良好な状態が望ましく，どちらかの調子が悪いときは，運動を控えるなどの判断が必要になる。

☐ **体の動きを高める運動** 高めたい動きによって行う運動が異なる。

①柔らかさを高めるための運動…関節の動く範囲を大きくする運動で，柔軟性を身につけるほかに，運動前に行うことでけがを防ぐ効果も期待できる（一人でのストレッチ，ペアでのストレッチなど）。

↑柔らかさを高める

②巧みな動きを高めるための運動…タイミングよい動きやバランス，運動の際の力の調整などを身につける（縄跳び，フープを使った運動，バランスをくずしあう遊び　など）。

③力強い動きを高めるための運動…負荷をかけ，おもに筋力を高めることで，動きの力強さ，速さを上げる（腕立て伏せ，支え合い，その場でのジャンプ運動　など）。

↑力強い動きを高める

④動きを持続する能力を高めるための運動…心肺能力の向上などにより，運動を長時間持続して行うことができるようになる（持久走，踏み台昇降運動，縄跳びなど動きを続ける　など）。

●体の動きを高める運動を組み合わせる…高めたい動きに応じて行う運動を選び，高めたい動きが複数ある場合は，それらを組み合わせて行う。

●運動の計画…自分の体力に応じ，目標を立て，どんな運動を，どれくらいの頻度・強度で，いつ，どこで行うかなどを考える。

↑動きを持続する能力を高める

体つくり運動では，特に体の動きを高める運動の4つの種類と，それぞれにどんな運動の例があるかをおさえよう。新体力テストでは，やり方を実際に自分が行ったときのことを思い出しながら覚えておこう。

新体力テスト

☐ **新体力テスト**
- ・自分の体力を測定し，その現状を把握し，**課題**を見つけることができる。
- ・項目によって，評価する体力が異なる。また，**複数の体力を評価する項目**もある。

先生の目

各競技の結果の切り上げなどをよく覚えておこう。

☐ **新体力テストの項目と評価の対象**

項目	評価できる体力
握力	筋力
上体起こし	筋力／筋持久力
長座体前屈	柔軟性
反復横とび	敏捷性
20mシャトルラン（往復持久走）	全身持久力
持久走	全身持久力
50m走	スピード
立ち幅とび	瞬発力
ハンドボール投げ	巧緻性／瞬発力

☐ **計測上の注意**

- ●握力…キログラム未満を四捨五入。
- ●上体起こし…両ひざの角度を90°に。背中をマットにつける。
- ●長座体前屈…センチメートル未満は切り捨て。
- ●反復横跳び…最初は右側のラインを踏む。
- ●持久走…スタンディングスタート。記録の秒未満は切り上げる。
- ●20mシャトルラン…電子音から2回続けて遅れた場合はテスト終了となる。
- ●50m走…クラウチングスタート。記録は10分の1秒未満を切り上げる。
- ●立ち幅とび…センチメートル未満は切り捨てる。つま先を踏み切り線の手前側の端にそろえる。
- ●ハンドボール投げ…メートル未満は切り捨てる。

■:<差>がつく

20mシャトルランでは，1回遅れても2回目に復帰できれば終了にはならない。

■:<差>がつく

計測の切り上げ，切り下げは，基本的に結果が悪くなるほうに行う。握力では少なくなるように，50m走ではタイムが遅くなるように。

保健体育

14 器械運動①

マット運動

☐ **開脚前転** 頭は後頭部からつくように前転し，両足は閉じて腰を高く上げるイメージで回転。足がマットにつく直前で**大きく開脚**する。**両手を股の近くにつき腰を浮かせながら上体を起こす。**

☐ **頭はねおき** 両手と額で体を支え「く」の字の頭倒立をする。手でマットを押しながら腰を伸ばし，**体を反らせてはね起きる。**

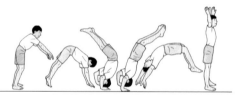

> **差がつく**
> 頭はねおきでは，頭の位置よりも腰が前に出たときに両足を前方に伸ばすようにする。

☐ **片足正面水平立ち** 両手を前から左右に広げて胸を張る。正面を見ながら片足を後ろへ伸ばし，マットに対して水平にする。

☐ **ロンダート（側方倒立回転跳び 1/4 ひねり）** 助走して片足を振り上げ，体を 1/4 ひねって手を着く。手を着き**側方回転しながらさらに体を 1/4 ひねり，両手でマットを押して，両足をそろえて振り下ろす。**

> **差がつく**
> ロンダートでは，手を着いてからは側転の体勢になっていることに注意する。

鉄棒運動

- **前方ひざかけ回転** 逆手で鉄棒を握り，一方のひざを鉄棒にかける。上体を前方に倒して勢いよく回転し，上体を引き上げるようにして手首を返し鉄棒に上がる。

- **後方支持回転（屈膝）** 支持姿勢から両足を後ろに振り上げる。その反動で一気に前へ振って後ろへ回転。腹で回り，背中から上がるように上体を起こす。

- **前方伸しつ支持回転** 支持姿勢からひざを曲げずに伸ばし前へ回転。鉄棒を下に押しながら手首を返し，ひじを伸ばし上体を起こす。

- **懸垂振動ひねり** 順手の懸垂の姿勢で両足をそろえて前後に振る。前に大きく振り出したときに鉄棒を持ち替えながら体をひねり，片方が逆手になった状態で向きを変えて前方へ体を振る。

保健体育

15 器械運動②

平均台運動

☐ **前方ツーステップ** 体重を<u>後ろ足</u>にかけるよう意識しながら徐々にステップを大きくする。後ろ足が<u>前足</u>に軽くつくようにしてジャンプする。

☐ **伸身跳び（両足踏み切り）** 腕を後ろから前へ振り戻しながら<u>両足</u>で跳ぶ。胸を張ってしっかり体を<u>上</u>に伸ばし，足は前後に開いて着地する。

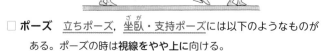

☐ **ポーズ** <u>立ちポーズ</u>，<u>坐臥</u>・<u>支持ポーズ</u>には以下のようなものがある。ポーズの時は視線をやや上に向ける。

☐ **片足振り上げターン** 軸となる足を着き，反対の足を振り上げながらその<u>勢いを利用して一気に回る</u>。軸足は<u>つま先立ち</u>にする。

跳び箱運動

☐ **開脚跳び**　両足で踏み切り，肩より前に手を着いて開脚して跳び越す。肩を前へ移動させながら着地する。

> ■**差**がつく
> 開脚跳びでは，跳び越すときは開脚姿勢を保ったまま跳び箱を突き放す。

☐ **かかえ込み跳び**　両足で踏み切り，肩より前に着手。突き放しと同時にひざを胸に引きつけるようにかかえ込みながら上方へ跳んで跳び越す。前を見て上体を起こしながら着地する。

> ■**差**がつく
> 切り返し系の技では，着手の後に視線を前方に向けながらしっかり突き放す。

> ■**差**がつく
> 回転系の着地では，体を十分に反らすことがきれいな着地につながる。

☐ **前方屈腕倒立回転跳び**　両足で踏み切り，軽くひじを曲げて手を着く。腰を伸ばす勢いを使って回転し，両足をそろえて上へ反り上げ，ひじを伸ばして突き放す。体を反らしながら着地する。

> ■**差**がつく
> 前方屈腕倒立回転跳びでは，頭の位置よりも腰が前に出たタイミングで跳び箱を突き放す。

☐ **屈身跳び**　両足で踏み切り，できるだけ遠くに手を着く。足は膝を伸ばしたまま，屈身した姿勢で両手の間を抜く。突き放しは強く行い，屈伸していた体を腰から伸ばしながら着地する。

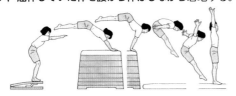

保健体育

109

短距離走

- ☐ **スタート** クラウチングスタートで行う。重心を前足と両腕に適度にかけておく。号砲とともにスタートする。
- ☐ **加速・中間走** 上体を起こしてストライドを大きくしていく。腕を大きく振り，腰の位置が落ちないようにする。
- ☐ **ゴール** 胴体の一部が通過した時点でゴールとなる。体を投げ出すように胸を前方に出し，体を倒す。

差がつく

フライングは大会によってルールが異なるが，中学生では，1度目のフライングは警告，2度目のフライングで失格となる。

リレー

- ☐ **スタート** 第一走者はクラウチングスタート，第二〜第四走者はスタンディングスタート。
- ☐ **バトンパス** テイクオーバーゾーン内で行わないと失格となる。

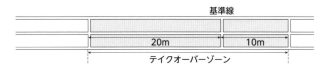

差がつく

テイクオーバーゾーンでは，前走者と次走者でゾーン外にバトンがあって許されるかどうかが違うので，注意すること。

長距離走

- ☐ **スタート** スタンディングスタートで行う。「位置について」に続けて号砲が鳴る。「用意」はない。
- ☐ **姿勢** 体の上下動をなるべく少なくし，自分に合った自然な呼吸の仕方で走る。

ハードル走

- ☐ **ハードルの置き方** 男子は 110m の間にハードルを **9.14m** ごとに，女子は 100m の間にハードルを 8.00m ごとに，10 台設置する。

陸上競技では，各競技の行い方のコツをおさえよう。また，最低限のルールもおさえておこう。

- [ ] **跳び越し**　振り上げ脚(ハードルに対して最初に出す脚)と**抜き脚**(反対の，踏み切ったほうの脚)の動きに気をつける。なるべく遠くで踏み切り，なるべく<u>ハードルの近く</u>に着地する。
- ●振り上げ脚…つま先が上に向くようにまっすぐ前に出す。
- ●抜き脚…ハードル上部に対して水平に上げ，膝は直角に曲げる。体にかかえ込むように引き付けて前に持ってくる。

先生の目

ハードリングの動作を，それぞれの脚を意識して覚えるようにしよう。

走り幅跳び

- [ ] **助走**　リズミカルに自分の踏み切りやすい歩数で<u>スピードに乗る</u>。
- [ ] **かがみ跳び**　<u>上体を起こして</u>踏み切り，空中で脚を前に放り出すようにして着地する。

↑ハードリング

- [ ] **そり跳び**　跳び上がるときに腕を<u>引き上げる</u>ようにする。空中では両腕を後ろに引き，<u>胸をそらす</u>。腕と脚を前に出して着地する。

先生の目

走り幅跳び・走り高跳びでは，イラストから跳び方の名前を答えられるようにしておこう。

走り高跳び

- [ ] **助走**　リズミカルに自分の踏み切りやすい歩数で行う。
- [ ] **はさみ跳び**　<u>重心を低く</u>しながら助走し，<u>上体を起こし</u>ながら踏み切る。振り上げ脚を大きく振り上げて跳ぶ。踏み切り脚を膝から体にひきつけるように抜く。
- [ ] **背面跳び**　重心を下げた助走から，踏み切り時に腕を上げ，体をひねり，真上に跳ぶ。体をそらせて<u>背中</u>でバーを越す。

↑はさみ跳び

↑背面跳び

保健体育

17 水泳

クロール

- [ ] **キック** 足の動き。
  - ●ダウンキック…足首を伸ばし脚全体がしなるように下げて甲で強く水を蹴る。
  - ●アップキック…ひざを伸ばしたまま脚全体を持ち上げる。
    →ダウンキックとアップキックを交互に同じ幅でリズミカルに。
- [ ] **ストローク** 腕の動き。①親指から水に入れる(エントリー)。→②腕を伸ばして水を捉える(キャッチ)。→③ひじを曲げながら腕全体で水をかく(プル)。→④ひじを伸ばしながら水を後ろへかく(プッシュ)。→⑤腕をひじから上げて前へ運ぶ(リカバリー)。
- [ ] **呼吸** 耳を腕につけるように**横向きに顔を上げて口から吸う。**
- [ ] **コンビネーション** 2回のストロークで1呼吸・6キック。

■く差がつく
クロールではローリングして上半身をしっかり横向きにひねってから呼吸をする。水中で息を吐き,吐いた反動で水面では口から大きく吸う。

■く差がつく
コンビネーションとは,キック・プル・呼吸の一連の動きのこと。

平泳ぎ

- [ ] **キック**
  ①腰→ひざ→足首の順に曲げて,**かかとを腰に近づける。**
  ②つま先を**外側**に向け足裏全体で水を後ろに蹴る。
  ③ひざを伸ばして両足をそろえて全身で伸びる(グライド)。
- [ ] **ストローク** 両手を伸ばして手のひらを**外側**に向ける。肩より前で逆ハートを描くように水をかく。
- [ ] **呼吸** かき終わりのタイミングで正面を向いて呼吸する。
- [ ] **コンビネーション** 1回のストロークで1呼吸・1キック。

↑グライド

■く差がつく
平泳ぎでは,キックのけり終わりにグライドを行うことで水中を大きく進むことができる。

背泳ぎ

- [ ] **キック**
  ①足首を伸ばして甲で水を押すように蹴り上げる(アップキック)。
  ②ひざを伸ばしたまま蹴り下げる(ダウンキック)。
- [ ] **ストローク** 仰向けで進行方向にまっすぐ腕を伸ばして小指から入水(エントリー)。→ひじを肩の横で曲げながら水をかく(プル)。→ひじを伸ばしながら水を押す(プッシュ)。
- [ ] **呼吸** 体を水平に保ちながら,口から吸って鼻から出す。

↑背泳ぎのキック

■く差がつく
背泳ぎのキックは,腰の位置が水面と平行になるように保ちながら,太ももの付け根から動かし脚全体がしなるようにする。

水泳では，4つの泳法のキック・ストローク・呼吸・コンビネーションのポイントをおさえよう。また，泳法によるスタートやターンの違い，基本的なルールについてもおさえておこう。

- □ **コンビネーション** 2回のストロークで1呼吸・6キック。

バタフライ

- □ **キック** 手の<u>入水</u>とかき終わりに1回ずつ<u>ドルフィンキック</u>。
  - ①ひざを曲げて足の甲で水を捉え，ひざが伸び切るまで蹴り下ろす（**ダウンキック**）。
  - ②ひざと足首を伸ばしたまま脚全体を持ち上げる（**アップキック**）。
- □ **ストローク** ①グライドの姿勢から，ひじを高い位置で曲げながら腕全体で水を捉える（**キャッチ**）→②外から内へとかき込む（**プル**）→③胸の下へ水をかき込む（**プッシュ**）。
- □ **呼吸** かき終わりの<u>キック</u>と同時に水面上に顔を出し呼吸する。
- □ **コンビネーション** 1回のストロークで1呼吸・2キック。

↑ドルフィンキック

各泳法のスタート

- □ **クロール・平泳ぎ・バタフライ** 片足を壁に着けた準備姿勢をとる。もう片方の足を持ち上げて両足裏を壁に着け，膝をよく曲げてから壁を蹴って<u>ストリームライン</u>になる。
- □ **背泳ぎ** 両手で<u>スターティンググリップ</u>をつかむ。スタートの合図で**体を反らせて**壁を蹴り，手先から進む。力強いキックで浮上する。

各泳法のターン

- □ **クロール** 片手で壁をタッチし，体を反転させて蹴り出す。
- □ **背泳ぎ** 片手で壁をタッチし，ひざを抱えるように体を回転させた後蹴り出す（クロール・背泳ぎは<u>クイックターン</u>が可能。）。
- □ **平泳ぎ・バタフライ** <u>両手</u>で同時に壁をタッチし，体を反転させて蹴り出す。タッチは**水面の上下どちらでもよい**（平泳ぎはターン後，ひとかきひと蹴りの間だけ<u>潜水</u>が可能。）。

おもなルール

- □ **スタート** 合図の前に<u>スタート</u>すると**失格**（フォルススタート）。
- □ **背泳ぎ・バタフライ** スタート・ターン後に壁から<u>15m</u>地点までに頭が水面に出なければならない。

差がつく

バタフライでは，プル・キック・呼吸のタイミングを常に一定にし，リズミカルに泳ぐ。

先生の目

各泳法で用いられる動き方の基本用語も覚えておこう。

保健体育

保健体育

18 バスケットボール・ハンドボール

バスケットボール

☐ **ドリブル** 視線はボールを見ず，<u>周囲</u>に。手のひらをボールにつけない。

カットインプレイで相手を抜くのに適するクロスオーバードリブル

☐ **バウンズパス** <u>腰</u>近くから<u>床</u>へボールを押し出して**相手をかわす**パス。

☐ **レイアップシュート** リング近くに<u>跳</u>んで，<u>片手</u>で打つシュート。ボールは<u>指先</u>でコントロールする。

☐ **ピボット** <u>軸足</u>を中心に方向<u>転換</u>しボールを**キープ**する。

☐ **スクリーンプレイ** オフェンスが<u>協力</u>して<u>壁</u>をつくり<u>ディフェンス</u>の動きを<u>妨</u>げるプレイ。

☐ **バイオレーション** ファウル（反則）以外の，ルール<u>違反</u>。
- <u>イリーガルドリブル</u>（<u>ダブルドリブル</u>）…両手で同時にドリブル。ドリブルを止めた後で再びドリブル。
- <u>トラベリング</u>…規定以上にボールを持ち運ぶ。
- <u>5秒ルール</u>…パス・シュート・ドリブルが5秒以上できない。
  →相手側のボールとなり<u>スローイン</u>で再開。

バスケットボール，ハンドボールでは，パス，ドリブル，シュートなどのプレイの特徴<ruby>特徴<rt>とくちょう</rt></ruby>をおさえよう。さらに，反則や基本的なルール，審判の合図も覚えておくといいよ。

直前 内申対策

ハンドボール

☐ **ショルダーパス**　肩上から振り<ruby>振<rt>ふ</rt></ruby>かぶって<u>手首のスナップ</u>で投げる基本パス。

☐ **バックパス**　<u>手首を返して後方</u>へパス。

バックパスは前方のディフェンスに対する<u>フェイント</u>にも有効。

☐ **ジャンプシュート**　跳んで<ruby>跳<rt>と</rt></ruby>空中の高い打点から打つシュート。

☐ **ループシュート**　ふわっとゴールキーパーの頭上<ruby>頭上<rt>ぬ</rt></ruby>を抜くシュート。

ループシュート

ジャンプシュート

差がつく

試合開始・試合再開はスローオフと呼ばれる。

保健体育

☐ **おもなルール**
●<ruby>身体接触<rt>せっしょく</rt></ruby><ruby>腕<rt>うで</rt></ruby>…腕などによるものは認められている。
●プレイヤーの交代…ゲーム中自由にできる。ゴールキーパーもユニフォームを替えて<ruby>替<rt>か</rt></ruby><u>コートプレイヤー</u>に変わることができる。

☐ **おもな反則**
●<u>オーバータイム</u>…ドリブルやパスをせずに<u>３秒</u>より長くボールを保持する反則。
●<u>オーバーステップ</u>…ボールをもって<u>４歩以上</u>歩く反則。
●<u>ラインクロス</u>…味方キーパー以外がボールを持って<u>ゴールエリア</u>へ侵入<ruby>侵入<rt>しんにゅう</rt></ruby>。

先生の目

反則の種類をしっかりおさえよう。

差がつく

反則があったときは，それぞれの規定にしたがってフリースロー，７mスローなどが相手側<ruby>相<rt>あい</rt></ruby>に与えられる。

19 サッカー・バレーボール

サッカー

☐ **インサイドキック** <u>足の内側</u>で蹴る。ボールをコントロールしやすい。短く正確なパスやシュートに利用。

> **差がつく**
> キックの仕方は目的に応じて使い分ける。

☐ **インフロントキック** <u>ボールを浮かせる</u>。センタリング，セットプレイなどの長いパスに有効。

> **差がつく**
> 「センタリング」とは相手コートのサイドからゴール前にキックすること。

☐ **トラップ** 飛んできたボールの<u>勢いを止める</u>。次のプレイに移りやすいようにボールをコントロール。足の裏や甲，胸などで行う。

> **差がつく**
> 「セットプレイ」とはコーナーキックやフリーキックなど規定の位置にボールをセットして試合再開すること。

☐ **ポジション** 攻撃中心の<u>フォワード</u>，中盤で守備と攻撃の両方を担当の<u>ミッドフィルダー</u>，相手の攻撃を食い止める<u>ディフェンダー</u>，ゴールを守る<u>ゴールキーパー</u>からなる。

☐ **おもなルール**
- ●試合開始時・得点後…センターマークより<u>キックオフ</u>。
- ●場外にボールが出た場合…タッチラインより<u>スローイン</u>。
- ●ゴールラインから出た場合…攻撃側のプレイヤーに触れて出た場合は<u>ゴールキック</u>。守備側のプレイヤーに触れて出た場合はコーナーキック。
- ●<u>オフサイド</u>…ゴール前での<u>待ち伏せ攻撃</u>となる反則。
- ●<u>オブストラクション</u>…相手の<u>前進をわざと妨害</u>する反則。
  →反則を起こすと<u>直接</u>または<u>間接</u>フリーキック，もしくは<u>ペナルティキック</u>が相手チームに与えられる。

> **差がつく**
> ボールをもらう時，自分の前に相手側がゴールキーパーを含めて2人以上いなければ「オフサイド」となり，相手チームに間接フリーキックが与えられる。

サッカー，バレーボールでは，パスやサービスなどのプレイの特徴をおさえよう。さらに，反則や基本的なルールも覚えておくといいよ。

バレーボール

☐ **オーバーハンドパス** 額の前でボールを押し出すパス。

☐ **アンダーハンドパス** 手を組んで伸ばしたひじで受けるパス。

☐ **アンダーハンドサービス** 下から打つサービス。安定感がある。

☐ **フローターサービス** 上から打つサービス。スピードが出る。

☐ **おもなルール**
- ●勝敗…1セット25点先取のラリーポイント制。
- ●返球…ボールを床に落とさず3タッチ以内で相手コートへ返球。
- ●ローテーション…サービス権を得たときに右回りに1つずつポジション移動する(6人制)。
- ●リベロ…守備専門のプレイヤーで，行動に制限がある。

☐ **おもな反則**
- ●タッチネット…プレイ中にネットや白帯，アンテナに接触する。
- ●キャッチ(ホールディング)…ボールをつかむ，投げる。
- ●ポジショナルフォルト…ローテーション通りの位置を守らない。
- ●ペネトレーションフォルト…相手コートへの侵入。

差がつく

オーバーハンドパスでは手で三角形を作る。手首のスナップと膝の屈伸を利用する。

差がつく

アンダーハンドパスでは落下点に入り，ボールを両腕でとらえる。膝の屈伸を利用し，腕は振り上げない。

差がつく

アンダーハンドサービスでは手首のつけ根あたりでボールを打つ。

差がつく

ラリーポイント制では，サービス権に関係なくラリーに勝ったチームに得点が入る。

差がつく

リベロが禁じられていること
・ネットより上のボールを相手側に打つこと。
・サービス，ブロック。

先生の目

レシーブ→トス→スパイクの3段攻撃の仕方もおさえよう。

保健体育

20 卓球・ソフトテニス

卓球

- **グリップ** ラケットの握(にぎ)り方。<u>シェイクハンド</u>とペンホルダー。

- **フォアハンド** ラケットを持つ腕(うで)の側でボールを捉(とら)え、<u>ラケット表面</u>で打つ。
- **バックハンド** ラケットを持つ腕の反対側でボールを捉え、<u>ラケット裏面</u>で打つ。
- **ドライブ** ボールに<u>上回転</u>を与える。
- **カット** ボールに<u>下回転</u>を与える。
- **ツッツキ** 短いスイングでの**カット**。

↑フォアハンド　↑バックハンド

- **スマッシュ** 得点をねらう<u>攻撃(こうげき)的</u>な打ち方。

- **ボールの回転** <u>トップスピン</u>…上回転，<u>バックスピン</u>…下回転，<u>サイドスピン</u>…横回転，<u>ナックル</u>…無回転。
- **ルール**
  - 11 ポイント先取で勝ち。デュース制。
  - サーブをするとき，トスは垂直に <u>16㎝以上</u>上げる。ボールはテーブルの上面よりも高い位置で，かつ<u>エンドライン</u>よりも後方から打つ。
  - ダブルスではパートナーで<u>交互(こうご)</u>に打つ。
  - ダブルスのサービスは自分のコートの<u>右半面</u>でワンバウンドさせ，対角線に入れる。

卓球やソフトテニスでは握り方や打ち方，スマッシュやロビングなど，打球の違いとねらいをおさえよう。

ソフトテニス

□ **グリップ**
- ウエスタングリップ…ラケットが**地面に対して水平**になるように握る。同じ面で**フォア，バック**の両方が可能。
- イースタングリップ…**地面に対してラケット面が垂直**になるように握る。方向性を出しやすい。

↑ウエスタングリップ(左)とイースタングリップ(右)

□ **フォアハンドストローク**
ラケットを持つ腕の側でボールを捉えて下から上に振る基本的な打ち方。

□ **バックハンドロビング** バックハンドで山なりのボールを打ち，高いボールを上げる。

□ **オーバーハンドサービス**
トスを上げ，**最高点**でボールを打つ。

ひじを伸ばす。

□ **スマッシュ** 高い打球を強く打ち返して攻撃する。
□ **ボレー** ネット際でノーバウンドのボールを直接打ち返す。
□ **ボールの回転** トップスピン…順回転，アンダースピン…逆回転，サイドスピン…横回転。
□ **失点となるおもな違反**
- ダブルフォールト…サービスを2回とも失敗する。
- インターフェア…相手のプレイを妨害する。
- ネットオーバー…ラケットや体の一部がネットを越える。
- ツーバウンズ…ツーバウンド後に返球する。

保健体育

119

バドミントン・ソフトボール

バドミントン

- ☐ **グリップ**
  - ●バドミントン(イースタン)グリップ…ラケット面が地面に垂直。
  - ●フライパン(ウエスタン)グリップ…ラケット面が地面に平行。
  - ●バックハンドのグリップ…サムアップで(親指の腹で押さえるように)握る。

↑バトミントングリップ(左)とフライパングリップ(右)

- ☐ **オーバーヘッドストローク** シャトルを頭上で捉え，強さと角度を生み出す打ち方。

- ☐ **バックハンドサービス** テイクバックをせずにバックハンドで前に押し出す。コントロールがつけやすい。

- ☐ **ドライブ** 地面と平行になるように打つ。
- ☐ **クリアー** 相手コート奥に高い打球を返す。…①
- ☐ **ドロップ** コートの手前に落とす。…②
- ☐ **スマッシュ** 高い打点で強い球を打ち込むショット。…③
- ☐ **プッシュ** ネット際の球を押し込んで落とす。
- ☐ **ロブ** ネット際に落とされた球を相手コート奥に落とす。

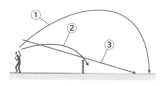

- ☐ **ルール**
  - ●ラリーに勝った方にサーブ権が与えられる。
  - ●サービスを打つときは，サービスコートのラインを踏んだり，床から足が浮いたりしてはいけない。

バドミントンでは，握り方や打ち方，スマッシュやロビングなど，打球の違いをおさえよう。さらに，反則や基本的なルールも覚えておくといい。ソフトボールでは，プレイの内容が多いので，ルールとともに整理して，しっかり覚えよう。

ソフトボール

先生の目

イラストからプレイの名前を答えられるようにしておこう。

☐ **バッティング** 重心を後方の足から前方の足に移動させながらしっかりとバットを振り抜く。

☐ **キャッチング** ボールがグラブに入ってくるのを待って受ける。

- ●ゴロ…ボール正面でグラブを縦にしてキャッチ。
- ●フライ…落下点を予測し，額の前でキャッチ。

差がつく

フライのキャッチングでは，予測した落下点よりも少し後ろで構えて前方へ出ながら捕れるようにする。

☐ **スタンダード投法** 投手が下手から投げる標準的な投げ方。

☐ **ウインドミル投法** ひじを伸ばして腕を1回転させる投げ方。

☐ **おもなルール**

- ●スリーアウトチェンジ…アウト3つで攻守交代をする。
- ●三振…打者がストライクを3つとられるとアウトになる。
- ●フォアボール…投手が打者にストライクでない球を4回投げる。
   →打者は1塁に進む。
- ●デッドボール…投手が投げたボールが打者の体や衣類に当たる。
   →打者は1塁に進む。

差がつく

一塁では打者走者はオレンジベースという，外側の部分を踏まないといけない。

保健体育

柔道

☐ **基本の動作**

● つり手…相手のえりを握る手。右組みでは右手で左えりを握る。

● 引き手…相手のそでを握る手。右組みでは左手で右そでを握る。

● 崩し…相手の体勢を崩して**不安定**にし，投げやすい状態にする。

● 体さばき…**技**をかけるために体を移動する。

● 受け身…相手に投げられたときにダメージを軽減して身を守る。

● 投げ技…回し技系，**刈り技系**，支え技系がある。

● 固め技…相手の**体を抑えて**動けなくする。

● 後ろ受け身

尻をかかとの近くに落とし，**両手でたたみをたたく直前にあごを引き頭を上げる**。

☐ **主な技**

● けさ固め

腕を相手の頭の下から通し，**後ろえりを握る**。もう一方の手で相手のそでを握る。

● 支えつりこみ足

相手の出てくる足首に足をかけ，支えるようにして，相手の体を**引き手方向**に流す。

● 背負い投げ

相手のわきの下にひじを入れ，相手を**背中**に乗せて**肩越し**に投げる。

先生の目

崩しや体さばきの種類もおさえておこう。

■ **差**がつく

受け身をするときは，たたみをたたく手に視線を向けることで頭が持ち上がり，後頭部の強打を防ぐことにつながる。

先生の目

右組みと左組みでは手が逆になるので注意しよう。

■ **差**がつく

柔道は，技を複合的に組み合わせる「連絡技」を使って攻防を展開する。

柔道・剣道では，基本動作，技の名称や特徴をしっかり覚えよう。また，礼法や用具についてもおさえておくといいよ。

剣道

□ 剣道の基本

- ●<u>自然体</u>…両足を軽く開き，背筋を伸ばした基本姿勢。
- ●<u>中段の構え</u>…攻守に適した**基本的な構え**。
- ●<u>打突部位</u>…面，胴，小手。→**竹刀**の打突部で正確に打てば**有効打突**となる。突きは中学生では禁止されている。
- ●<u>残心</u>…打突後も油断のない心身の構えをすること。残心のない打突は無効。
- ●<u>しかけ技</u>…自分から動いてしかける技。
- ●<u>応じ技</u>…相手がしかけた技をかわして，すきをついて打つ技。

□ 主な技

- ●小手—面

しかけ技の，二段の技。小手を打ちに行き，相手が竹刀を下げてすきができた面を打つ。

- ●引き面

しかけ技の引き技。つばぜり合いをし，相手にすきが出た瞬間に引いて面を打つ。

- ●面抜き胴

応じ技の抜き技。相手が面を打ってきたときに体をかわし，すきができた胴を打つ。

- ●払い面

しかけ技の払い技。相手の竹刀を払い，すきが出た面を打つ。

保健体育

123

23 ダンス

ダンスの特性

☐ **ダンスの特性** 世界各地で**文化の影響**を受けながら発展，伝承。**イメージ**をとらえて**自己表現**する(→楽しさ，喜び)。踊りを通した交流。→仲間と**コミュニケーション**の深まり。

創作ダンス

☐ **取り組み方**
- たくさんの**テーマ**の中から表現したいものを選び，イメージをとらえて**即興**的に表現する。
- イメージを深めて作品にまとめて踊る。

☐ **表現の仕方**
- 身近な生活や日常動作…窓ふき，バスケットボールなど。
- **対極の動き**の連続…伸びる―縮む，強い―弱いなど。
- 多様な感じ…不気味な感じ，楽しい感じなど。
- 群(集団)の動き…密集，分散，同じ動き―ばらばらなど。
- 物(小道具)を使う…新聞紙，タオル，椅子など。
- ストーリー…「はじめ・なか・おわり」の3部構成，いくつかのパターンの繰り返し(**ロンド形式**)など。

◢◤差がつく
創作ダンスでは，表現するときに大きな動作で誇張すると，イメージしたものが伝わりやすい。

◢◤差がつく
創作ダンスの作品の作り方には，テーマからや動きからなど，観点がいくつもある。

フォークダンス

☐ **外国のフォークダンスの特徴**
- みんなと同じ動きで，**輪**や列になって踊る。
- **パートナー**と，手をつないだり腕を組んだりして踊る。

☐ **外国のフォークダンスの隊形**

先生の目
フォークダンスの名称と動きを一致させられるようにしよう。

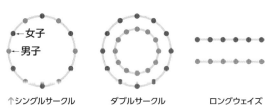

←女子
←男子

↑シングルサークル　　　ダブルサークル　　　ロングウェイズ

内申対策

ダンスでは，その特性をとらえよう。創作ダンス・現代的なリズムのダンスは動きやダンスの作り方について，フォークダンスは踊りの名称や発祥の地域などをおさえよう。

☐ **外国のフォークダンスのポジション**

↑バルソビアナ　　オープン　　クローズド　　プロムナード

☐ **外国のフォークダンスの例**

● オクラホマ・ミクサー…アメリカのフォークダンス。パートナーチェンジがある。バルソビアナポジション，ダブルサークル。

● ドードレブスカ・ポルカ…旧チェコスロバキアのフォークダンス。ポルカターン→マーチ→男子の拍手と女子のポルカステップの3つを順に繰り返す。

● ハーモニカ…イスラエルのフォークダンス。

☐ **日本のフォークダンス(民謡)の特徴**

● 腰を低くし足を踏みしめる。

● 手首から先の動きでの表現。着物のすそさばき。

● ナンバの動き(左右同じ側の手足を同時に前へ動かす)がある。

● 一人踊りが多く，唄や掛け声に合わせて踊る。

☐ **日本のフォークダンスの例**

● 花笠音頭…山形県の民謡。小道具を使う踊りで，曲調と手足の動きを一致させながら踊る。

● 越中おわら節…富山県の民謡。農作業などの動きをもとにした踊り。

現代的なリズムのダンス

☐ **ロックのリズム**　体幹部を中心としたはずむ動き。アフタービートという，リズムに強弱のある音楽。

☐ **ヒップホップのリズム**　アップ・ダウンでリズムを取って縦のりの動きを基本とする。そのうえで横への動きなどを様々に取り入れ，強いアクセントをつける。

☐ **ブレイクダンス**　ストリートダンスのひとつで，音楽に合わせてアクロバティックに跳ねたり，回ったりする。「ブレイキン」という競技名でオリンピックの正式種目として採用されている。

保健体育

↑ブレイクダンス

実技テストの コツ

保健　実際にあった実技テスト一覧

☐ **救護**：心肺蘇生法の実演，胸骨圧迫〔→❶〕，AED の使い方

　　　　　人工呼吸の仕方〔→❷〕，回復体位

☐ **応急処置**：止血法，包帯の巻き方，三角巾の使い方

---

1 胸骨圧迫

➡ダミー人形に正しく胸骨圧迫をできるか

ポイント 胸骨圧迫の位置を確認しておこう。

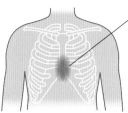

胸の真ん中に手を重ねてのせ，ひじを伸ばしたまま真上から強く押す。（胸が 4 ～ 5 センチ沈むくらいまで）これを 1 分間に 100 ～ 120 回の速さで繰り返し続ける。

2 人工呼吸

➡ダミー人形に正しく人工呼吸をできるか

ポイント 人工呼吸の手順を確認しておこう。

(1)気道確保をして，鼻をつまむ

(2)大きく口を開けて傷病者の口を覆い，約 1 秒かけて，胸の上りが見える程度の息の量を吹き込む

(3)口を離して自然に呼気をさせる

✦内申点アップ↑のコツ✦　　　　保健

●保健分野は比較的座学が多いから，主要 5 教科と同じように，しっかりノートをとって，ペーパーテストで点を取ろう。体育分野が得意な人は，保健分野もおろそかにしないで！体育分野が苦手な人は，保健分野で点数を稼ごう！

体育 実際にあった実技テスト一覧

☐ **体力テスト**：ラジオ体操，100メートル走，長距離走，バトンパス，走り高跳び
　　　　　　　　ハードル走，20メートルシャトルラン，幅跳び

☐ **器械体操**：マット，跳び箱

☐ **球技**：ソフトボール（ピッチング，ウインドミル，バッティング，キャッチボール）
　　　　　バスケットボール（トスをどれだけ続けられるか，チェストパス，ドリブル，シュート，レイアップ）
　　　　　サッカー（シュート，パス）
　　　　　バレーボール（サーブ，アンダーハンドパス，オーバーハンドパス，アタック，レシーブ，スパイク）
　　　　　テニス（サーブ，ストローク，フォアとバックハンド）
　　　　　ハンドボール（投球，シュート）
　　　　　アルティメット

☐ **柔道**：前回り受け身，けさがため

☐ **相撲**：四股（しこ），塵浄水（ちりちょうず），運び足，蹲踞（そんきょ）

☐ **空手**：形（かた）（型）

☐ **水泳**：四泳法，平泳ぎ，バタフライ，クロール，背泳ぎ，3分泳

☐ **ダンス**：フォークダンスを踊る，創作ダンスを踊る

保健体育

✧**内申点アップ↗のコツ**✧　　　　　　　　　　**体育**

●もし体を動かすことが苦手でも大丈夫。実技テストで得点が望めない場合は，ペーパーテスト対策をしっかりとして，日頃の授業態度を人一倍よくしよう。できなくてもあきらめず，どうしたらいいか先生に質問して，なんとかしてできるようになりたいという姿勢を見せよう。

構造を丈夫にする

四角形の構造は，変形しやすく不安定。厚紙などで作った四角形の
フレームを，横から押すと倒れやすい。

☐ 三角形の構造にする

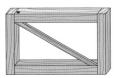

斜め材を入れて，三角形の構造に
する。→丈夫になるが，空間が
斜め材でふさがれる。

☐ 接合部を固定する

補強金具などで，接合部を固定す
る。→内部空間が使えるが，丈
夫にするには太い部材が必要。

☐ 面構造にする

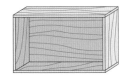

面を板で固定する。→補強効果
は大きいが，材料が多く必要にな
る。

部材を丈夫にする

☐ 断面の形状を変える　曲げの作用に対して強度が向上。

● 棒材…断面の形状を工夫。

I型　　H型　　L型

● 板材…断面の高さを高くする。

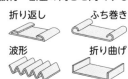

折り返し　　　　ふち巻き

波形　　　　　折り曲げ

☐ 部材の断面積を増やす

同じ部材でも強度が向上。

☐ 強い材料を使用する

木材を金属にするなど。

> **先生の目**
>
> 幅を2倍にすると2倍の力
> に，高さを2倍にすると4
> 倍の力に耐えることができ
> るよ。

製図の方法

☐ 等角図　立体の全体の形を表すのに適
している。立体の底面の直角に交わる
2辺を水平線に対して <u>30°</u> 傾けてか
く。各辺の線の長さは，すべて実物と
比率を等しく表す。

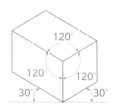

120°

120°　　120°

30°　　　　30°

> **差がつく**
>
> **3D-CAD（ソフトウェア）**
> 設計・製図を行うソフトウ
> ェア。正確な図面が簡単
> にかける。多くの工業製
> 品や構造物の設計に利用
> されている。

☐ 第三角法による正投影図

部品の正確な形や接合方法なども表現。立体の手前に透明な3つの画面を置き，各画面に対して正面の方向から見た形をそのままかく。

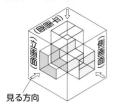

見る方向

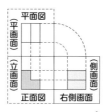

平面図（平画面）／立面図（立画面）／側面図（側画面）／正面図／右側面図

■ 差 がつく

JIS（日本産業規格）
産業製品についての測定法規格などを定めた日本の国家規格。

先生の目

第三角法による正投影図は，工業製品の製図に広く使われています。

☐ キャビネット図

立体の正面の形が正確にわかることが特徴。立体の正面を実物と同じ形にかく。奥行きの辺を45°傾けて実際の長さの2分の1の割合でかく。

$a : b : c = 1 : 1 : \frac{1}{2}$

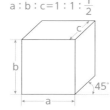

★1 寸法補助記号の使い方の例

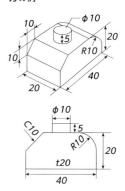

☐ 線の種類

名称	用途	太さ	線形
実線	外形線	太線	——————
	寸法線	細線	——————
	寸法補助線	細線	——————
破線	隠れ線	細線または太線	- - - - - -
一点鎖線	中心線	細線	- · - · - ·
二点鎖線	想像線	細線	- ·· - ·· -

☐ 寸法補助記号の例と穴の加工寸法の表し方 ★1

半径 R（アール）	R10	正方形の辺 □（カク）	□10
厚さ t（ティー）	t5	面取り C（シー）	C5, 5, 5
直径 φ（マル）	φ5	穴の加工寸法	直径5mmのドリルで通し穴を2つあけることを表す。 2×5キリ

技術家庭

2 木材

木材の特性

- 軽くて丈夫。
- 木目があって，肌触りが良い。
- 切断や削ることが容易である。
- 電気や熱を伝えにくい。
- 水分の吸収や乾燥によって変形したり割れたりする。
- 燃えやすく，腐ることがある。
- 材質が均一ではなく，方向によって強度などが異なる。

> **先生の目**
> 板目材は年輪に対して接線方向に切断したもの，まさ目材は年輪に対して半径方向に切断したものだよ。

木材の断面

木材は切り出し方によって，板目材（板目板）とまさ目材（まさ目板）ができる。

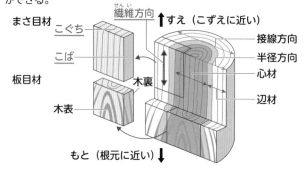

> **差がつく**
> 早材（春材）…春から夏にかけて成長した部分。
> 晩材（夏材）…夏から秋にかけて成長した部分。

> **差がつく**
> 板目材は木目が山なり。まさ目材は木目がまっすぐ。

木材の強さ

繊維方向によって強度が異なる。下図の①の強さは，②の約10倍。

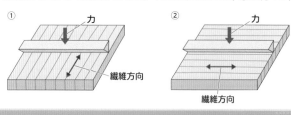

木材の収縮と変形

- 乾燥すると収縮し，再び水分を吸収すると膨張する。
- 板目材のほうが，まさ目材よりも変形が大きい。
- 板目材は木表側に反る。

> **先生の目**
> 木材は繊維方向によって強さが変わったり，切り出し方によって収縮による変形に違いがあったりするのですね。

木材の種類

針葉樹材	スギ	やわらかく，加工しやすい。
	ヒノキ	独特のかおりがある。腐りにくい。
	アカマツ	強い。樹脂を多く含む。
広葉樹材	ブナ	やや重く，硬い。
	キリ	やわらかく，軽い。防虫効果がある。
	ケヤキ	色が美しい。

■〈差〉がつく

針葉樹は軽くてやわらかいものが多く，主に建築材に利用される。広葉樹は色や重さなどにさまざまな特徴がある。主に家具材に利用される。

木質材料の製造方法

☐ **合板** 丸太をかつらむきにして単板(ベニア)を作る。それを奇数枚，接着剤で接着する。

 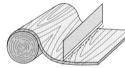 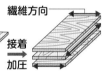

繊維方向

接着
加圧

先生の目

木材の特性を持つ材料を木質材料というよ。

☐ **集成材** 板材や角材を，繊維方向を合わせてつなぐなどして接着。

接着
加圧

■〈差〉がつく

木質材料の特徴

・合板…繊維方向による性質の違いが少ない。厚くするには単板の数が必要。

・集成材…強度があるが加工に手間がかかる。

・パーティクルボード…変形しやすく安価。強度は低い。

・ファイバーボード…曲げに強く断熱性に優れる。加工の工程が多い。

☐ **パーティクルボード** 木材の小片を接着剤を加えて重ね，熱圧。

 小片 接着 加圧

☐ **ファイバーボード** 木材を繊維状にして接着剤を加えて重ねた後，熱圧する。

 繊維 接着 加圧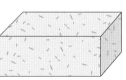

技術家庭

3 金属・プラスチック

金属の特性

・かたくて丈夫。

・触ると冷たい。

・曲げたり，延ばしたり，溶かしたりできる。

・電気や熱を伝えやすい。

・熱で溶けたりやわらかくなったりする。

・さびるものがある。

・材質が均一で，方向による性質の違いがほぼない。

金属の主な性質

金属は，木材やプラスチックに比べて，強く，重く，耐熱性に優れた材料。熱や電気をよく通す。

☐ **弾性** 加えた力を除くと元に戻る。

☐ **塑性** 加えた力を除いても元に戻らない。

☐ **展性** たたくと広がって薄くなる。

☐ **延性** 引っ張ると細く長くなる。

小さな力

大きな力

力

☐ **加工硬化** 曲げた部分の組織が変化して硬くなる。

金属材料の種類と特性・利用例

金属は，別の種類の金属と混ぜ合わせて合金にすると性質が変わる。

金属		合金	特性	利用例
鉄（軟らかく強くない）	+炭素	鋼	硬くて強い。	橋梁，のこぎり
鉄（さびやすい）	+クロムとニッケル	ステンレス（鋼）	さびにくい。	流し台，スプーン
アルミニウム（軽いが弱い）	+銅とマグネシウム	アルミニウム合金	軽くて強い。	アルミ缶，飛行機

差がつく

金属の組織
大きな力が加わると，金属原子の間で滑りが発生して元に戻らない塑性変形が起こる。

差がつく

鋼は熱処理を行うことで，その性質を変えることができる。

・焼き入れ…高温に加熱して，急に冷やす→かたく，もろくなる

・焼き戻し…焼き入れした鋼を再加熱→粘り強くなる

・焼きなまし…適切な温度で加熱して，ゆっくり冷ます→やわらかくなる

先生の目

金属の成形加工のしくみの例を覚えておくとさらに安心。
①鍛造（たたいて変形）
②圧延（ローラで金属を押しつぶす）
③鋳造（溶けた金属を型に流し込む）

金属はその特性と主な性質・利用例を押さえること。性質を表す弾性・塑性・展性などの名称はしっかり覚える必要がある。プラスチックもその特性と主な性質・利用例を押さえよう。ポリエチレンなどの種類も問われることがあるので注意。

プラスチックの特性

・軽いわりに丈夫。

・かたいもの，やわらかいものなどの種類が多い。

・材質が均一で，方向による性質の違いがほぼない。

・熱でやわらかくなるものがある。

・水分を吸ったり乾燥したりすることによる変形がない。

・さびたり腐ったりしない。　　・光によって変色しやすい。

・型を作って大量生産することが可能。

> **先生の目**
>
> プラスチックは，型を作って大量生産することができる一方で，環境問題を引き起こしているという問題点もあるんだ。

プラスチックの種類と特徴

熱を加えるとやわらかくなる<u>熱可塑性プラスチック</u>と，熱を加えてもやわらかくならない<u>熱硬化性プラスチック</u>がある。

☐ 熱可塑性プラスチック　　☐ 熱硬化性プラスチック

> **差がつく**
>
> 生分解性プラスチック
> 微生物などによって水と二酸化炭素に分解される。環境への影響が少ない。

プラスチックの種類と特性・利用例

●プラスチックは軽くて耐久性がある。熱や電気を通しにくい。

	種類	特性	利用例
熱可塑性	ポリエチレン (PE)	単純な構造で，用途はさまざま	洗剤の容器，包装材
	ポリエチレンテレフタレート(PET)	透明度が高く，曲げに強い	スイッチ，飲料水の容器
	アクリル樹脂 (PMMA)	透明度が高く，劣化しにくい	水槽，おもちゃ
	ポリカーボネート (PC)	熱に強く，燃えにくい	CD，DVD
熱硬化性	メラミン樹脂 (MF)	熱に強く，強度が高い	食器，化粧板
	エポキシ樹脂 (EP)	薬品や熱に強く，電気を通しにくい	電気製品の基盤，接着材

> **先生の目**
>
> 熱可塑性プラスチックは，熱を加えると分子の絡み合いや結合がほどけてやわらかくなるよ。熱硬化性プラスチックは，一度固まると組織が緩まずやわらかくならないんだ。

技術家庭

133

4 製作①

けがき

材料を切断するときや，切断した部品をけずるとき，部品を組み立てるときに必要な線やしるしを材料にかくことを<u>けがき</u>という。

☐ **木材へのけがき**　さしがねや<u>鋼尺</u>などを使う。

妻手　長手

(1)さしがねや鋼尺でこばの平面度を調べ，平らな面で直角に交わる2面基準面にする。

(2)さしがねの長手で部品の寸法をとり，印をつける。

(3)さしがねの長手の内側をこばの基準面に密着。この基準面に対して直角な線をさしがねの外側で引く。

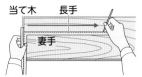

当て木　長手
妻手

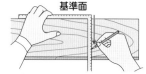

基準面

☐ **金属へのけがき**　鋼尺，直定規，<u>けがき針</u>などを使う。

●直線をけがく

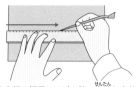

直定規や鋼尺にけがき針の先端を密着。進行方向に少し傾けてけがく。

●穴や円の中心をけがく

ハンマ
鋼板
センタポンチ

センタポンチの先を穴や円の中心に当てて，ハンマで軽くたたく。

☐ **プラスチックへのけがき**

直定規などを使う。
保護紙が貼ってある場合はそのまま鉛筆でけがく。保護紙がない場合は，油性マーカーでけがくか，ラベルシールを貼ってからけがく。

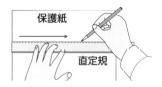

保護紙
直定規

切断

☐ **木材の切断** 両刃のこぎりなどを使う。

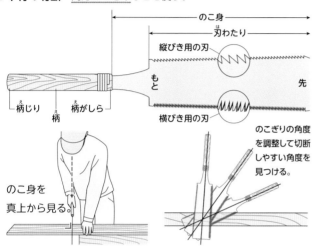

のこ身

刃わたり

縦びき用の刃

柄じり　柄がしら

柄

もと　　先

横びき用の刃

のこぎりの角度を調整して切断しやすい角度を見つける。

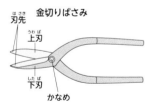

のこ身を真上から見る。

☐ **金属の切断** 金切りばさみや弓のこなどを使う。薄板の場合は金切りばさみを使う。

金切りばさみ

刃先　上刃

下刃　かなめ

弓のこ

押す方向（押したときに切れる）

フレーム

のこ刃

取り付けねじ　柄

☐ **プラスチックの切断** 薄板の場合はプラスチックカッタを使う。

背　切れ刃

板の厚さの 1/3 ぐらいの溝をつける。

工作台の端を使って折る。

カッタの背で切断面を平らに削る。

技術家庭

切削

□ **かんながけ** 木材は<u>かんな</u>を使って材料の表面をきれいにしたり，寸法を調整したりする。<u>かんな身</u>を出すときはかんな身のかしらをたたき，抜くときにはかんな身と平行に台がしらの角を左右交互にたたく。

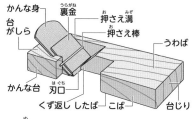

かんな身　裏金　押さえ溝　押さえ棒　うわば　台がしら　かんな台　刃口　刃先　くず返し　したば　こば　台じり　うらがね

●こば削り

かんなのこば面を台の上を滑らせながら一気に引き削る。

●こぐち削り

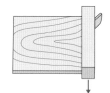

こぐちは割れやすい。はじめに端から2/3 ほど削ったら，裏返して残りの1/3 を削る。

□ **やすりがけ** 金属は<u>やすり</u>を使って削る。

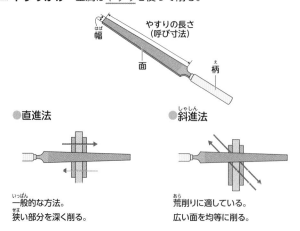

やすりの長さ（呼び寸法）　幅　面　柄

●直進法

一般的な方法。
狭い部分を深く削る。

●斜進法

荒削りに適している。
広い面を均等に削る。

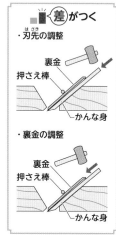

■■差がつく
・刃先の調整
裏金
押さえ棒
かんな身

・裏金の調整
裏金
押さえ棒
かんな身

■■差がつく
ベルトサンダを使うと能率よく削ることができる。

先生の目
やすりは押すときに削れるので，押すときに力を入れて，引くときは力を抜こう。

かんなの各部の名称を覚えたうえで使い方を把握しておくこと。やすりがけの直進法と斜進法の違いも理解しておきたい。卓上ボール盤は，使い方とその注意点について押さえておく。金属やプラスチックの折り曲げの方法も把握しておこう。

穴あけ

□ **卓上ボール盤**　通し穴や止まり穴をあけるときに使う。

●**穴あけの方法**

(1) テーブルの高さを調整する。

(2) 穴あけの深さを調整する。

(3) 材料を固定する。

(4) 穴あけをする。

ドリルチャック
ドリル
送りハンドル
テーブル上下ハンドル

●**卓上ボール盤の使用上の注意**

・保護眼鏡や防じんマスクを使う。

・巻き込まれる可能性があるので作業用の手袋は絶対につけない。

・卓上ボール盤の回転部分に顔や頭を近づけない。

・材料をクランプや万力で固定。

・切りくずは，スイッチを切って回転が停止してからはけで除去。回転が完全に止まるまでドリルには手を触れない。

■■差がつく

通し穴をあける場合は捨て板を敷き，捨て板まで穴をあける。止まり穴(止め穴)の場合は，ストッパ(深さ調整目盛)で深さを調節する。

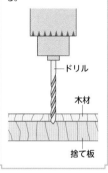

ドリル
木材
捨て板

折り曲げ

□ **金属(棒材)の折り曲げ**　万力に片側を固定し，曲げる側に長めのパイプをかぶせて曲げる。

□ **金属(板材)の折り曲げ**　当て木などを使ったり，折り曲げ機を使ったりする。

□ **プラスチックの折り曲げ**　曲げ用ヒータを使って曲げる。

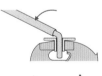

先生の目
折り曲げ機を使う場合は，折り曲げ機の押さえ刃にけがき線を合わせて折り曲げるよ。

ヒータ
折り曲げる部分をヒータで加熱。
加熱した側を外にして台などの角に当てて曲げる。
濡れた布で冷やす。

先生の目
曲げ用ヒータを使う場合は，やけどをしないようにしよう。

技術家庭

137

6 製作③

接合

□ くぎによる接合

(1) きり(四つ目ぎり)[1]を使って下穴をあける。

(2) 接着剤を接合面に薄く均一に塗る。

(3) くぎを打つ。

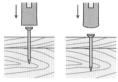

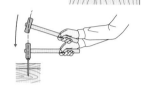

最初は平らな面で打ち，最後は板面に傷がつかないように曲面で打つ。

ひじを支点にして，手首を使って打つ。

□ ねじによる接合　ねじ接合は，くぎ接合よりも強く接合できる。

(1) 三つ目ぎり，またはボール盤で下穴をあける。

(2) 皿木ねじの場合は，ねじの頭が材料から出ないように，きく座ぎりなどで穴の周囲を削る。

(3) ドライバ(ねじ回し)を垂直にして上から押しながらねじ込む。ねじの十字穴がつぶれないように回す。

きく座ぎり[2]

皿木ねじ

丸木ねじ

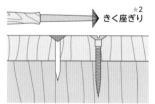

□ ねじ接合の工具

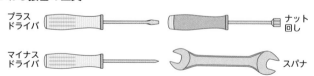

プラスドライバ　　　　　　　ナット回し

マイナスドライバ　　　　　　スパナ

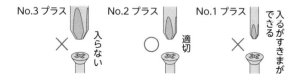

No.3 プラス　　× 入らない

No.2 プラス　　○ 適切

No.1 プラス　　× 入るがすきまができる

■■ 差 がつく

くぎの長さは，接合する板がこぐちなら打ちつける板の3倍，こばなら2.5倍程度が適当。

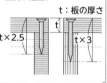

t：板の厚さ

t×2.5　　t　　t×3

★1　きりは板面に対して垂直。上から下方向に力を加える。両手のひらで回転させる。

先生の目

曲がったくぎは，材料を傷つけないように敷き板などをしいてくぎ抜きで引き抜くよ。

★2　皿木ねじはねじの頭部を木材に埋め込むので，頭部をかくすために穴の周囲を削る。

■■ 差 がつく

接合のずれを防ぐ方法

両端となる外側のねじから締める。

① ③ ④ ②

先生の目

ドライバ(ねじ回し)は先端が大きいものから試すよ。

ねじ切り（おねじ）

(1) 材料を方力に垂直に固定。

(2) ダイスを，刻印面が見えるようにダイス回しに取り付ける。

(3) 刻印面を材料にあて，ダイス回しが材料に対し直角になるように押し付け，食いつくまで右に回す。

(4) 食いついたら，ダイスが水平か目で確かめる。

(5) 手応えが重くなったら，逆回転させたり切削油を差したりする。

ダイス回し

ダイス

食いつき部　　刻印面

接着剤による接合

接着剤の種類	特徴
酢酸ビニル樹脂系 エマルション形	一般的に用いられる木工用接着剤。接着力は比較的強いが，耐熱性・耐水性で劣る。
エポキシ樹脂系	接着力は強く，耐水性もある。
合成ゴム系	両面に塗ってから，少し待って接着。接着力は強くない。
シアノアクリレート系	瞬間接着剤。接着力は強い。

表面処理

素地の調整

● 木材の場合…(1) 汚れや凹凸を除去→ (2) 研磨→ (3) 面取り（危険な角を削る）。

● 金属やプラスチックの場合

①研磨する…研磨紙で磨いて細かい傷を除去。
②洗浄する…けがいた線をアルコールで消す。

塗装

● はけ塗りの順序（木材）…木材の繊維方向に沿ってはけを動かす。

(1)　　　　　　(2)　　　　　　(3)

差がつく

接着面の汚れを落とし，滑らかにすることによって強く接着することができる。

先生の目

接着剤を使って接合するときは，材料に適した接着剤を選ぼう。木材の場合は酢酸ビニル樹脂系エマルション形を使うよ。

差がつく

表面仕上げ（木材）
・ワックス仕上げ…木材の表面に，ワックス（ろう）を塗ってつやを出す。
・オイル仕上げ…木目模様や色味などが生きる仕上げになる。

塗料の種類
木材には水性ニスやクリヤラッカーなど，金属には水性艶ありペイント，水性エナメルなど。

差がつく

吹き付け塗装
塗装面から 20 ～ 30cm 離して，スプレーを塗装面と平行に動かしながら吹きつける。

技術家庭

139

7 エネルギーと発電

エネルギー変換の技術

- [ ] **エネルギー** 日常使用しているさまざまな機器はエネルギーを利用して動いている。エネルギーには，運動，熱，光，電気などがある。
- [ ] **一次エネルギー** 自然界に存在する，石油，石炭，天然ガス，ウラン，太陽光，風力，水力，地熱などのこと。
- [ ] **二次エネルギー** 電気，都市ガス，ガソリンなど，利用しやすいように変換されたエネルギーのこと。
- [ ] **再生可能エネルギー** 太陽光，風力，水力など，自然界において補充され，なくなることのないエネルギーのこと。
- [ ] **エネルギー変換** エネルギーの形態を，用途に応じて変えること。
- [ ] **エネルギー変換効率** 使用目的に利用されるエネルギーと，供給されるエネルギーとの比のこと。

$$エネルギー変換効率 (\%) = \frac{使用目的に利用されるエネルギー}{供給されるエネルギー} \times 100$$

● **発電別のエネルギー変換効率**…数値が高いほどむだなく電力に変換できている。

(%)

再生可能エネルギー

水力	火力蒸気	ガスタービン	原子力	風力	太陽光	地熱	バイオマス
80	43	35	33	25	10	8	1

発電機の仕組み

- [ ] **電磁誘導** コイルや磁石を動かすことで電流が流れる現象のこと。この仕組みは発電機や自転車のライト，スマートフォンなどに使われている。

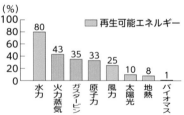

発電機のしくみ→

磁力線
電流
N S
軸の回転方向
電気を取り出す。

差がつく

エネルギー資源
石油，石炭などの化石燃料，ウランなどの核燃料，水力，風力などの自然エネルギーのこと。

差がつく

エネルギー損失
使用目的のために利用されるエネルギー以外の，放出されてしまうエネルギー。

先生の目
バイオマスとは化石燃料を除く，動植物から得られた生物由来の資源のことを指すよ。

先生の目
発電機は運動エネルギーから電気エネルギーへとエネルギー変換が行われているよ。発電機同様，電磁誘導の仕組みを使っているモータは，電気エネルギーから運動エネルギーへとエネルギー変換が行われているよ。

直前

内申
対策

エネルギーに関する用語と内容をしっかり理解しておこう。発電方法はその種類と特徴をつかんでおくこと。発電の仕組みについても，そのイメージがつかめるように，図を頭に入れながらしっかりと理解しておくことが大切だ。

さまざまな発電方法

☐ **発電** ほかのエネルギーを電気エネルギーに変換すること。

発電方法	使用する資源	特徴など
火力発電	石炭，石油，天然ガス	安定して電気を供給できるが，燃焼によって二酸化炭素（CO_2）を大量に排出する。
原子力発電	ウラン燃料（核分裂）	安定して電気を供給でき，発電による CO_2 排出はないが，安全性や使用済核燃料の処分方法に問題がある。
水力発電	水位差	安定して電気を供給でき，発電による CO_2 排出はないが，自然環境破壊の問題がある。
地熱発電	地熱	安定して電気を供給でき，発電による CO_2 排出はないが，開発コストが高いなどの問題などがある。
風力発電	風	燃料にコストがかからず発電による CO_2 排出はないが，発電量が安定しない。
太陽光発電	太陽光	資源にコストがかからず発電による CO_2 排出はないが，日射量に左右され，発電量が安定しない。
バイオマス発電	生物由来の資源	新たな CO_2 排出は少ないが，エネルギー変換効率が低い。

発電の仕組み

● 火力発電

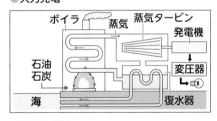

● 水力発電

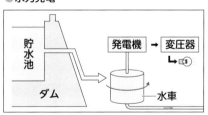

● 原子力発電

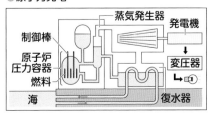

● 太陽光発電

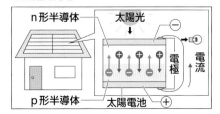

技術家庭

8 電気の利用

直流(DC)と交流(AC)

☐ **直流** 時間が経過しても、電圧の大きさや向きが変化しない。電池は直流。一般的な乾電池の場合、電圧は1.5V程度。

↑電圧
+
0
−
　　　　　　→時間

☐ **交流** 時間とともに、電圧の向きと大きさが周期的に変化する。家庭などのコンセントは交流。電圧は100Vや200V。

↑電圧
+
0
−
　　　　　　→時間

☐ **一次電池** 充電ができない。
- ●**マンガン乾電池**…小さな電流で動く機器に用いる。
- ●**リチウム電池**…発生する電圧が大きい。自己放電が少ない。
- ●**アルカリ乾電池**…大きな電流で動く機器に用いる。

☐ **二次電池** 充電できる。
- ●**ニッケル・水素蓄電池**…大きな電流を取り出せる。
- ●**リチウムイオン電池**…モバイルバッテリなどに用いられる。
- ●**鉛蓄電池**…自動車のエンジン始動用モータの電源に用いる。

電気回路

- ●**電気回路**…電気機器には電気回路が組み込まれていて、電気回路は電源、導線、負荷で構成されている。また、スイッチなどの電流を制御する仕組みも組み込まれていることが多い。
- ●**回路図**…電気回路は、電気用図記号を使った回路図で表す。

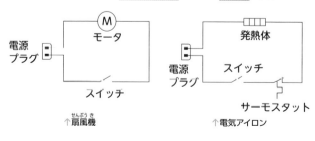

↑扇風機　　　　　　　↑電気アイロン

■<差>がつく

電気の周波数
交流の場合、電流の向きが周期的に変化している。1秒間に変化する回数を周波数という。東日本では50Hz、西日本では60Hz。

先生の目

交流は、電圧の高さを簡単に変えること(変圧)ができるので、離れた発電所から各家庭まで電気を送るのに適しているよ。

■<差>がつく

送電と配電
・送電…発電所で作られた交流の電気を、配電用変電所まで送ること。
・配電…配電用変電所から家庭などに送ること。

■<差>がつく

ACアダプタ

コンセントに供給されている交流100Vの電気を、直流5～12Vなどに変換するためのもの。

まず，直流と交流の違いをしっかりつかもう。電気回路を構成する**電源・導線・負荷**の用語も覚えておく必要がある。回路図は見てわかるだけではなく，簡単な回路図は自分でも書けるようにしておくとペーパーテストで役立つ。

電気用図記号の例

名称	図記号	名称	図記号	名称	図記号
コンセント		端子	○	モータ	Ⓜ
電池または直流電源	⊣⊢	導線の接続	┼	スイッチ	
電源プラグ		ランプ	⊗	コンデンサ	

電気の基礎知識

電流 I	A(アンペア)	電気の流れ。
電圧 V	V(ボルト)	電流を流そうとする力。
抵抗 R	Ω(オーム)	電流の流れにくさ。
電力 P	W(ワット)	1秒間に消費される電気エネルギーの大きさを表す値。
電力量	J(ジュール)	一定時間に消費される電気エネルギーの総量。

電気エネルギーの変換

光エネルギーへの変換

①白熱電球…自然な光になるが，変換効率が悪く寿命が短い。
②蛍光灯…白熱電球よりも発光効率が良く寿命が長い。
③ LED (Light Emitting Diode(「発光ダイオード」の略))…低消費電力で寿命が長い。

熱エネルギーへの変換

電気アイロン，電気ストーブ，電子レンジ，電磁調理器など

運動エネルギーへの変換

ハンドミキサ，モータなど

差がつく

電力 P(W)
＝電圧 V(V)×電流 I(A)

電力量(J)
＝電力(W)×時間(s)

先生の目

オームの法則も押さえておこう。電圧 V(V)＝抵抗 R(Ω)×電流 I(A)だよ。

先生の目

LED は性質が違う半導体の接合面で，プラスとマイナスの電気が結合することで発光するよ。

技術家庭

143

9 機器の保守点検

安全に使うための技術の工夫

- ☐ **漏電**　絶縁不良によって，回路以外に電流が流れること。感電や火災につながる恐れがある。
- ☐ **感電**　人の体内に電気が流れてショックを受けること。
- ☐ **ショート（短絡）**　電圧が異なる2つの電線が接触するなどして，電線に過大な電流が流れること。故障や，誤った配線が原因。
- ● **電気機器を安全に使うための装置**…分電盤の<u>ブレーカ</u>（遮断器）や<u>アース線</u>（接地線）などがある。
- ☐ **ブレーカ（遮断器）**　回路を自動的に遮断する装置。
- ☐ **アース線（接地線）**　地中の銅板などに接続されている電線。
- ● 電流制限器…契約電流を超えたときに作動
- ● 漏電遮断器…漏電したときに作動
- ● 配線用遮断器…回路に過電流が流れたときに作動

↑アース線の働き

- ☐ **ヒューズ**　温度や電流に応じて溶けることで回路を遮断し，電気機器による事故を未然に防ぐ。

■ ▌ 差 がつく

特定電気用品
使用方法が不適切だと，危険や障害が発生する恐れが大きい電気用品のこと。

↑特定電気用品のマーク

↑特定電気用品以外のマーク

先生の目

アース線が設置してあれば，漏電するとアース線に電流が流れて漏電遮断器のスイッチが切れるよ。

■ ▌ 差 がつく

コードを束ねると，コードの熱が放出されにくくなるため，束ねた部分の温度が上昇して危険。

電気による事故の原因と対策をつかむこと。ブレーカやアース線，ヒューズなどはその名称とともに役割も理解しておきたい。消費者用警告図記号は，図記号とその内容を一致させることができるようにしておこう。

□ **トラッキング現象** 電源プラグとコンセントの間にほこりがたまり，それが空気中の湿気を吸い込むことで漏電して発火する現象。

電気部品の定格

電気部品は，安全に使用するために電流や電圧などが定格値として決められている。流してもよい電流を定格電流，加えてもよい電圧を定格電圧という。

登録
検査機関

電圧の
定格値

JET
15A　125V

特定
電気用品

電流の
定格値

消費者用警告図記号

事故を防ぐには取扱説明書の指示を守って使うことが大切。取扱説明書には，機器の取り扱いに際しての禁止行為などを表した図記号が示されている場合がある。

分解禁止　接触禁止　一般注意　感電注意　一般指示　電源プラグを
コンセントから抜け

機械の共通部品と保守点検

どんな機械にも共通で使うことができるように，その種類や大きさなどの規格を定めた部品のことを共通部品という。規格にはJIS（日本産業規格）やISO（国際標準化機構）などがある。また，機械を安全に使うためには保守点検（メンテナンス）が重要。

□ **ねじ** 主に締結に使われる。

□ **ばね** 運動を取り出したり，衝撃を緩和したりする。

□ **軸と軸受** 軸受は，回転運動する軸を支えて滑らかに回転させる。

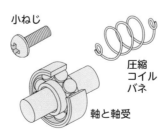

小ねじ

圧縮
コイル
バネ

軸と軸受

技術家庭

回転運動の伝達

機械の運動の基本は回転運動。**摩擦車**や**歯車**(ギヤ)を使うことで運動の方向や大きさなどを**変換**することができる。

☐ **速度伝達比** **駆動軸**と**被動軸**の回転速度の比。速度伝達比が大きいと，被動軸の回転速度は遅くなるが回転力(トルク)は大きくなる。

$$速度伝達比 = \frac{駆動軸の回転速度}{被動軸の回転速度} = \frac{被動軸側の歯車の歯数}{駆動軸側の歯車の歯数}$$

●回転速度と回転力の関係

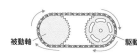 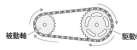

被動軸 ← 駆動軸　　　被動軸 ← 駆動軸

被動軸の歯数が多い→回転速度は遅いが，回転力は大きい。

被動軸の歯数が少ない→回転速度は速いが，回転力は小さい。

回転運動を伝える仕組み

☐ **摩擦で伝える** 滑りやすいが，大きな力が加わっても，滑りで破損を防ぐことができる。

① 2 軸が近い

摩擦車

② 2 軸が離れている

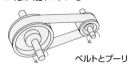

ベルトとプーリ

☐ **かみ合いで伝える** 歯をかみ合わせることで，確実に回転運動を伝えることができる。

① 2 軸が近い

 平歯車

 かさ歯車

 ラックとピニオン

 ウォームギヤ

② 2 軸が離れている

 チェーンとスプロケット　歯付きベルトと歯付きプーリ

回転運動を別の運動に変化させる仕組み

機械の回転運動に，リンクやカムなどの機構を組み合わせると，さまざまな動きを作り出すことができる。

□ **リンク機構** 4本の棒(リンク)で構成されている。その組み合わせや長さを変えて，さまざまな動きを作り出すことができる。

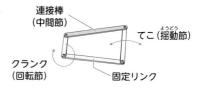

連接棒
(中間節)

てこ(揺動節)

クランク
(回転節)

固定リンク

□ **てこクランク機構** 回転運動を揺動運動にする。

てこの揺動範囲

□ **平行クランク機構**

向かい合うリンクの長さを等しくすると，どちらも回転運動になる。

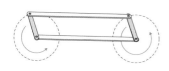

□ **両てこ機構**

2本のてこが揺動運動をする。

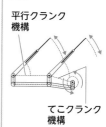
□ **往復スライダクランク機構** 回転運動を往復直線運動にする。

ストローク

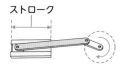

スライダ

案内

□ **カム機構** 原動節となるカムと，その輪郭に沿って動く従動節で構成される。原動節が回転運動することで，従動節に往復運動や揺動運動を作り出すことができる。

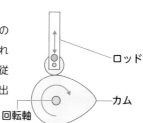

ロッド

カム

回転軸

11 生物の育成

生物育成の技術

生物育成の技術には，**育成環境を調節する技術**，**成長を管理する技術**，**特徴を改良する技術**がある。

- **育成環境の調節** 生物の特徴や成長に合わせて環境を整える。例としては，光の管理，温度の管理，水分の管理など。

- **成長の管理** 生物の成長段階や特徴に合わせて適切に管理する。

- **特徴の改良** 生物そのものに備わる特徴を改良する。

動物を育てる技術

成育のために必要な栄養素を与える**給餌**，環境・衛生，繁殖，動物福祉の視点がある。

- **給餌** 家畜の種類，成育段階，生産物の種類に合わせて餌の種類や量を調節する。

- **環境・衛生** 畜舎の温度や換気などの環境管理と，清掃や消毒，予防薬の投与などの衛生管理が必要。

- **繁殖** 人工授精技術の進歩によって，高い能力を持った家畜の生産が可能になった。

- **動物福祉の視点** 動物がストレスなく健やかに生活できる工夫や努力が必要。

水産生物を育てる技術

対象とする魚種の選定や，種苗の確保が重要。また，飼育管理に必要な技術もある。

- **対象とする魚種の選定** 需要があり，出荷価格が安定するか，成長が早いか，病気などに強いか，生産地の環境に合うかなどの視点で検討が必要。

- **種苗の確保** マダイなど**完全養殖**が確立されている魚は人工生産の稚魚を，ニホンウナギなどの完全養殖が確立されていない魚（**不完全養殖**）は天然産の稚魚を種苗として育てる。

- **飼育管理に必要な技術** 水産生物の成長に適する環境を調節する技術と成長を管理する技術が必要。

差がつく

品種改良
親の持つ性質の中で，病気に強いなどの目的にあった品種を選択し，掛け合わせるなどの技術を使って新しい品種を作ること。
(例)桃太郎(トマト)・シャインマスカット(ブドウ)

差がつく

家畜
人が飼育して利用する動物のこと。

先生の目

例えば乳牛の管理作業には搾乳や給餌，除ふんなどがあるよ。飼料の加工や配合も大切な作業ですね。

差がつく

家畜の飼育では，家畜の習性を考慮した管理作業や育成環境を適切に管理する技術が必要。

差がつく

養殖
人の手によって育てること。海，湖沼などの一部や陸上の施設などを利用。

直前
内申対策

生物育成の技術にはどのようなものがあるかを覚えること。また，作物の成長に影響する，気象環境・生物環境・土壌環境の3つの環境要因を理解しよう。栽培方法についても，養液栽培・容器栽培などの名称と具体的な栽培方法を理解しておこう。

育成環境を調節する技術

作物の成長には環境要因が影響する。

気象環境
日射量，降水量，温度，湿度など。

生物環境
微生物，昆虫，土の中の小動物など。

土壌環境
土壌中の養分，空気，水分など。

> ■ **差**がつく
>
> 植物は，光(エネルギー)と二酸化炭素，水を利用して光合成をおこない，養分をつくっている。

作物のさまざまな栽培方法

目的に応じた栽培のために，育成環境や栽培する施設，栽培方法を選ぶ必要がある。

□ **養液栽培** （水耕 / 固形培地耕）

●水耕栽培

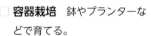

□ **容器栽培** 鉢やプランターなどで育てる。

□ **露地栽培** 屋外で土地の気候に合わせて育てる。

□ **施設栽培** ビニルハウスや温室などで育てる。

> **先生の目**
>
> 作物を育てるときは，例えば夜間に照明を当てて日長を調整したり，暖房機器を使って温度管理をしたり，スプリンクラーなどを使ってかん水の時間や量を管理したりすることがあるんだね。

> **先生の目**
>
> 成長に適した気温は作物の種類によって違うよ。また，生物環境として影響する昆虫などのなかには作物に有益なものと有害なものがいるよ。土壌環境では，排水性や保水性，通気性などの要素が重要になってくるんだ。

技術家庭

12 植物の栽培

成長を管理する技術

☐ **種まき** 種をまいた後は，水，空気(酸素)，温度の３つの条件を適切に管理して発芽を促すことが大切。

● 種まきの種類

・点まき…大きな種，高価な種で間引きをあまり行いたくないとき。(ダイコンなど)

・ばらまき…細かい種で，点まき，すじまきがしにくいとき。(コリウスなど)

・すじまき…一般的な大きさの種。間引きを行いやすい。(ホウレンソウなど)

☐ **間引き** 苗の発育や品質をそろえるために，栽培に適した苗を残すために不要な苗を減らすことを間引きという。

☐ **移植・定植** 植物を植える場所を変えることを移植という。その後，植える場所を変えないときは定植という。

☐ **支柱立て・誘引** 支柱を立てると日当たりや風通しなどが向上する。支柱と枝や茎をひもなどで固定することを誘引という。茎は余裕を持たせて結ぶ。また，ひもは交差させ１回ねじる。

↑正しい誘引　↑正しくない誘引

☐ **かん水** 土の表面が乾き始めたらかん水をする。プランターや鉢の場合は，底から水が出るまで行う。

☐ **摘芽・摘芯** わき芽を摘み取り茎の成長を促すことを摘芽という。また，実やわき芽の成長を促すために茎の先端を摘み取ることを摘芯という。

↑摘芽　　　↑摘芯

☐ **受粉** 棒などで支柱をたたき，花房を振動させて受粉させる。手で花に直接花粉をつけたり，虫に受粉させる作物もある。

☐ **収穫** 色や形，糖度などから収穫時期を判断する。

差がつく

・セルトレイまき
屋内に置くことができる。

・ポットまき
発芽後の移植が省略できる。

差がつく

間引く苗の選び方
・苗が込み合っている。
・成育が早すぎたり遅すぎたりする。
・子葉の形が悪い。
・病気にかかっている。
など

先生の目

かん水は光合成が促進されるので，午前中の早い時間がよい。

差がつく

よい苗の選び方
・葉が大きい。
・茎が太い。
・葉と葉の間の節びがつまっている。
・子葉が傷んでいない。
・白い根がしっかりと張っている。

肥料の管理

- **元肥と追肥**　初期の成長を促す肥料を**元肥**という。生育状態に応じて与える肥料を**追肥**という。

- **肥料の三要素**　必要な養分を肥料として土壌に補う必要がある。窒素(N)，リン酸(P)，カリウム(K)を**肥料の三要素**という。

肥料の三要素	はたらき
窒素(N)	茎，葉，根の成長に役立つ。
リン酸(P)	花や果実，新根の発育に役立つ。
カリウム(K)	光合成，果実や根の成長に役立つ。

- **肥料の種類**
  - ●**有機質肥料**…動物の排せつ物などを発酵させた肥料。
  - ●**化学(無機質)肥料**…化学的に製造した肥料。

先生の目

肥料の三要素にカルシウムとマグネシウムを加えて，肥料の五要素ということもあるよ。

土の管理

- **土壌**　植物を健康に育てるには，適度な隙間があって水はけや通気性がよい**団粒構造**の土が必要。**単粒構造**の土は粒子が塊を形成しない。

↑団粒構造

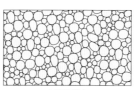

↑単粒構造

先生の目

単粒構造の土は，土の粒が隙間なく集まっているので排水性や通気性が悪い。団粒構造の土は，小さなかたまりができるため，隙間ができる。そのため保水性や通気性がよいんだね。

病気などの例と症状や対策

病気の例	症状や対策
ウドンコ病	葉がうどん粉をまぶしたように白くなる。風通しをよくする。
モザイク病	花びらや葉にモザイク状の模様ができる。ウイルスを媒介するアブラムシを防除する。
尻腐れ症	果実の先端が黒くなる。病気ではなく生理障害。カルシウム剤を葉に散布。

差がつく

害虫の例と対策
・ヨトウムシ　葉や茎を食べるので，捕まえて取り除く。
・アブラムシ　ウイルス性の病気を媒介。牛乳などをスプレーする。

技術家庭

151

13 コンピュータ技術

コンピュータの機能

- **入力機能** キーボードなどから情報を入力する機能。
- **出力機能** ディスプレイなどに処理の結果を出力する機能。
- **記憶機能** ハードディスクやメモリなどに，命令や処理結果を覚えさせておく機能。
- **演算機能・制御機能** 情報を処理したり命令を実行したりする機能。これらの機能を果たす装置を CPU（中央処理装置）という。
  - ●CPU…機械語（コンピュータが直接理解できる表現）でかかれたプログラムを実行する。コンピュータは数字で表されている命令を，大量に高速で実行することによって複雑な処理を行っている。
- **記憶装置** 一時的にデータを記憶させておくメモリ（メインメモリやキャッシュメモリ）と，データを保存し続けるストレージ（ハードディスクや SSD など）がある。

■ 差 がつく

入力装置の例
キーボード，マウス，リモコン，人感センサ，タッチパネル，カメラなど

■ 差 がつく

出力装置の例
ディスプレイ，プリンタ，スピーカなど

■ 差 がつく

・アルゴリズム…何をどのように処理するかという処理や手順の構造のこと。
・プログラム…アルゴリズムを一定の規則に従って記述したもの。

| 出力機能 | ディスプレイなど |
| 入力機能 | キーボード，マウスなど |

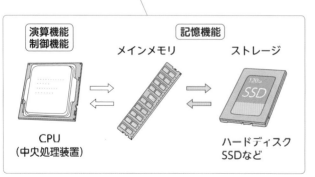

| 演算機能 制御機能 | 記憶機能 |

メインメモリ　　ストレージ

CPU（中央処理装置）　　ハードディスク SSDなど

先生の目

メモリのデータを書き換えた場合は，電源を切る前に書き換えたデータをストレージにコピーし直さなくてはならない。いきなり電源を切ると，データが壊れたり消えたりすることがあるよ。

直前
内申
対策

まずは入力機能・出力機能などのコンピュータの機能を押さえること。演算・制御機能をになう CPU も覚えておこう。ハードウェアとソフトウェアの違いや，具体例も理解しておくとよい。

ハードウェアとソフトウェア

コンピュータはハードウェアとソフトウェアで構成されている。

☐ **ハードウェア** コンピュータ本体やキーボードや，マウス，ディスプレイなどの周辺機器。

☐ **周辺機器と接続する規格** コンピュータと周辺機器を有線で接続するための規格としては，USB(Universal Serial Bus)が広く使われている。また，無線で接続する規格としては，Bluetoothが広く使われている。Bluetooth を使用する際は，お互いの接続相手をペアリングという作業で認識させる必要がある。

☐ **ソフトウェア** コンピュータの処理を記述したプログラム。ソフトウェアは大きく 2 種類に分けられる。

● **アプリケーションソフトウェア**…アプリともいう。特定の作業をするために作られたプログラム。文字入力や表計算，写真撮影や描画など，いろいろな目的に応じたアプリがある。

● **基本ソフトウェア (OS = Operating System)**…アプリケーションソフトウェアの土台として機能する。また，OS によって，さまざまなハードウェアを統一的に使うことができる。

基本的なアプリケーションソフトウェア

☐ **文書処理ソフトウェア** 文字・画像・図形などの組み合わせで作成。

タブ　リボン

最強の内申対策
中学実技

☐ **表計算ソフトウェア** 表を作成してデータ集計などをする。

タブ　リボン

セル
列番号
行番号

■ｉ＜差＞がつく

アナログ情報とデジタル情報

時刻や気温のように，連続的に変化する情報をアナログ情報という。連続する情報を一定の区切りで表したものをデジタル情報という。

先生の目

コンピュータはソフトウェアを入れることによって，いろいろな機能が実現できるんだよ。

■ｉ＜差＞がつく

プレゼンテーションソフトウェア

プレゼンテーションなどに使用するスライドを作成する。

タブ　リボン
スライド
サムネイル

技術家庭

153

技術家庭

14 情報セキュリティ

情報モラル

情報社会で，適正に活動するためのもととなる考え方や態度のことを情報モラルという。

インターネットを利用する際に注意する点

情報の正確性や安全性，プライバシーの漏えい・侵害や迷惑行為，また著作権の侵害や自分のデータや財産の喪失などに注意する必要がある。

知的財産権

- ☐ **知的財産権** 知的財産権には，大別して著作物に関する著作権と，発明などに関する産業財産権がある。
- ☐ **著作権** 文字や記号，音や色などで表現した著作物を他人に無断で利用されないための権利。著作権は著作権法によって保護される。
- ☐ **産業財産権** 特許権，実用新案権，意匠権，商標権がある。産業の振興を目的とした権利。
- ☐ **引用** 他人の著作物から，文章や図表を利用すること。引用は，目的上正当な範囲内で行う必要があり，引用する場合は引用部分を明確にし，その出所を明示しなくてはならない。
- ☐ **許諾** 著作物を利用する際に著作者から許可を得ること。他者の著作物を利用する際には原則，著作者から許可を得る必要がある。

クリエイティブ・コモンズ・ライセンス

作者が作品の利用に関する意思表示をするためのツールのひとつにクリエイティブ・コモンズ・ライセンスがある。

↑表示
著作者の表示を求める。

↑非営利
非営利目的に限り利用を認める。

↑改変禁止
そのままの形でのみ利用を認める。

↑継承
その作品のライセンスの継承を求める。

先生の目

例えば，写真や動画を共有できることは便利で楽しいことだけど，GPS（人工衛星からの電波を受信して位置を測定するシステム）によって位置情報が読み取られたり，写りこんだ情報から場所が特定されたりすることがあるから注意しよう。

差がつく

- ・**著作者人格権**
著作物の公表や著作者名の表記などについて，著作者の人格を守る権利。
- ・**著作隣接権**
出版社や放送事業者など，伝達する人の権利を守る。

差がつく

パブリックドメイン
著作権が放棄されているか消滅している状態。それらの素材は自由に使用できる。

情報セキュリティの要素と，それを高める方法を学習しておこう。知的財産権については，その名称と内容を押さえておこう。著作権・産業財産権などは特にしっかり覚えておきたい。

情報セキュリティ

情報ネットワークを，安心かつ安全に使うための対策のことを情報セキュリティという。また，情報通信ネットワークに対する不正侵入や，データの改ざんなどの攻撃を防ぐ技術や対策のことを，特にサイバーセキュリティという。

> **先生の目**
> 誰かに勝手に内容を書き換えられたり，機器が急に使えなくなったりしたら困りますよね。

情報セキュリティの3要素

要素	機密性の確保	完全性の確保	可用性の確保
内容	許可された人だけが利用できる。	情報が正確で，改ざんされない。	必要なときに利用できる。
対策など	・情報漏えいの防止。 ・アクセス権の設定。	・ミスの発生や改ざんを防止。 ・データを復元できるようにする。	・機器の停止や通信障害の防止。 ・データのバックアップ，システムの二重化など。

セキュリティを高めるための方法

☐ **セキュリティ対策ソフトウェア** 機器がコンピュータウイルスなどに感染することを防ぐ。既に知られているコンピュータウイルスに対して有効なので，**ウイルス定義ファイル**を常に更新しておく。

☐ **マルウェア** 第三者のデータベースなどに対し，意図的に被害を及ぼすように作られたプログラムのこと。
（例）コンピュータウイルス，ワーム，トロイの木馬

☐ **ファイアウォール** 外部との通信を一定の条件で制限し，情報ネットワークの不正侵入を防ぐ。「防火壁」という意味。

☐ **フィルタリング** 問題のあるメールやWebページ，プログラムなどを制限する。

☐ **認証システム** ユーザーIDとパスワードを利用して，サービスを利用する人を限定したり，データを保護したりすることができる。生体認証の技術と組み合わせることによって，安全性を高める工夫もされている。

☐ **暗号化** 情報流出の際などに，情報が読み取られないようにする。

> **差がつく**
> **ウイルス定義ファイル**
> 過去に発見されたコンピュータウイルスの情報を分析してパターン化した，ウイルス発見と駆除のための参照ファイル。

> **先生の目**
> パスワードは安全で忘れにくいものにすること。

> **差がつく**
> **生体認証**
> 指紋，静脈，虹彩などをパスワードの代わりに利用し，認証を行う仕組み。

技術家庭

155

15 情報処理の仕組み

技術家庭

アナログとデジタル

温度や時刻などを切れ目のない連続した量で表現する方式を<u>アナログ</u>，切れ目のある段階的な値で表現する方式を<u>デジタル</u>という。

☐ **デジタル化** アナログ情報をデジタル情報に置き換えること。置き換える際，情報を 0 と 1 で表現する 2 進数にしている。

0	0	1	1	0	0	0	1	1	0	0
0	1	0	0	1	0	1	0	0	1	0
1	0	0	0	0	1	0	0	0	0	1
1	0	0	0	0	0	0	0	0	0	1
1	0	0	0	0	0	0	0	0	0	1
0	1	0	0	0	0	0	0	0	1	0
0	0	1	0	0	0	0	0	1	0	0
0	0	0	1	0	0	0	1	0	0	0
0	0	0	0	1	0	1	0	0	0	0
0	0	0	0	0	1	0	0	0	0	0

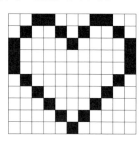

デジタル化と情報の量（データ量）

☐ **解像度** 画像は<u>画素</u>（**ピクセル**）とよばれる点の集まりで表現される。その集まりの度合いを<u>解像度</u>という。

☐ **データ量の単位** データ量の最小単位をビット（bit または小文字の b）という。8 ビット＝ 1 バイト（byte または大文字の B）である。

単位	データ量
bit（ビット）	
B（バイト）	1B = 8bit
KB（キロバイト）	1KB = 1,024B
MB（メガバイト）	1MB = 1,024KB
GB（ギガバイト）	1GB = 1,024MB
TB（テラバイト）	1TB = 1,024GB
PB（ペタバイト）	1PB = 1,024TB

■**差**がつく

・ユーザーインターフェイス
…人とコンピュータが接する部分のこと。
・ユニバーサルデザイン
…より多くの人が使いやすい設計のこと。
・メディア
…情報を相手に伝えるための媒体や手段のこと。

■**差**がつく

解像度の単位には dpi（dot per inch）を用いる。解像度が高くなるほど，より精細に画像を表現できる。

先生の目

ファイル形式とそれを表す拡張子についても押さえておこう。例えば，画像のJPEGというファイル形式の拡張子は jpg，音声のMP3というファイル形式の拡張子は mp3 だよ。

アナログとデジタルの違いを確実に理解しておこう。そのうえでデジタル情報の特徴や，データ量の単位，メディアの種類と特徴などについて整理しておくとよい。

デジタル情報の特徴

- ☐ **扱いやすい**　デジタル化された情報は「0」と「1」の集合体なのでデータの計算や加工に加え，保存や通信も容易。

- ☐ **修復・修正がしやすい**　デジタル信号は，電圧が「高い(1)」と「低い(0)」などの2段階で区別しているので，信号の電圧が多少変形しても修復可能。また，複製も簡単である。

- ☐ **失われる情報がある**　デジタル化された情報は元の情報と全く同じではない。置き換えられなかった情報は切り捨てられる。

> **先生の目**
>
> 例えば，画像データでは小さくしたデータをもう一度大きくしようとすると不鮮明になってしまうことがあるよ。

メディアの種類と特徴

メディア	長所や特徴	留意点など	コンピュータに取り込むための機器
文字	・情報を正確に伝えることができる。 ・情報量が小さく扱いやすい。	・一度にたくさんの情報が伝えられない。 ・文字を理解できる必要がある。	(例)キーボード，マウス
音声	・相手がどこを向いていても認識させられる。 ・視覚障がい者にも伝えることができる。	・データ量が文字よりも大きい。 ・情報を聞き逃す可能性がある。	(例)マイク
静止画	・視覚的に伝えることができる。 ・文字が読めない人にも伝えることができる。	・データ量が文字より大きくなりやすい。 ・動きが伝わりにくい。	(例)デジタルカメラ，イメージスキャナ
動画	・動きを伝えやすい。	・データ量が他のメディアより大きくなりやすい。	(例)デジタルビデオカメラ

データの記憶と圧縮

デジタル化された情報は記憶媒体に記憶できる。記憶媒体は目的に応じて適切なものを選択する。

- ☐ **圧縮**　データを圧縮し，データ量を減らすことで，記憶媒体やネットワークを効率的に活用できる。圧縮の方法にはデータが完全に元通りになる可逆圧縮と，圧縮率は高いが一部が失われる不可逆圧縮がある。

差がつく

記憶媒体

DVD　Blu-ray

メモリカード　USBメモリ

16 通信技術

情報通信ネットワーク

コンピュータやスマートフォンなどの情報機器の間で，互いに情報のやり取りができるように，ケーブルや無線通信でつないだものを情報ネットワークという。

- ●サーバ　情報のやりとりをするサービスを提供するコンピュータ。
- ●ルータ　ネットワーク上を流れるデータの交通整理をする。
- ●ISP　Internet Service Provider の略。インターネットへの接続サービスを提供する会社。

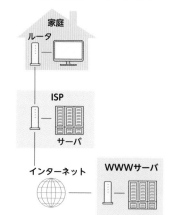

- □ LAN　Local Area Network の略。学校や家庭など，限られた範囲内にある小規模なネットワーク。
- □ ハブ　有線接続でネットワークを構成する際に使用する機器。
- □ 無線 LAN　無線接続によって構成された LAN のこと。
- □ アクセスポイント　無線 LAN を構成する際に，ハブの代わりに使用する機器のこと。
- □ インターネット　世界規模でつながっている巨大なネットワーク。

情報を伝えるための約束事や工夫

- □ パケット　分割されたデータのまとまりのこと。パケットに分割することによって，ネットワークを公平に利用できる。
- □ TCP/IP　TCP はデータを順序通り正しく送る方法を定めた約束事。IP はパケットに分割されたデータを，インターネットを通じて目的地まで届ける方法を定めた約束事。

■差がつく
サーバには WWW サーバ，メールサーバ，ファイルサーバなどがある。

先生の目
無線 LAN によって，コンピュータだけではなく，スマートフォンやプリンタ，ゲーム機などのさまざまな機器をつなげるんだね。

先生の目
パケット通信を行わない場合，一人が大量のデータを送ると，他の人が待たされてしまうね。

■差がつく
クラウドコンピューティング
インターネットを通じてコンピュータやソフトウェアをサービスとして利用する形態のこと。

情報通信ネットワークの全体像を，図を見ながら把握しよう。全体像をつかんだら，サーバ・ルータなどの情報通信ネットワークに関連した用語や，IP アドレスなどの情報機器に関連した用語を覚えよう。

情報通信ネットワークを使い，情報をやりとりする仕組み

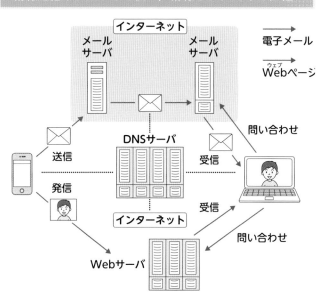

情報機器の識別

情報機器を特定するための識別番号のことを IP アドレスという。IP アドレスは数値の羅列で分かりにくいので，DNS サーバにあるデータベースで，IP アドレスとドメイン名を対応させている。

- □ **URL** Uniform Resource Locator の略。Web ページなどを識別するために使われる記号のこと。

  URL の例

- □ **プロトコル** 情報をやりとりするための通信方式のこと。
- □ **ドメイン名** サーバやネットワークを識別する名前。国や組織名，サーバ名などを組み合わせて表現される。
- □ **パス名** 情報が保存されているフォルダ名やファイル名。

差がつく

DNS サーバ
Domain Name System の略。人がわかりやすいような名前で IP アドレスを表示する仕組み。

差がつく

・**Web ページ**…Web でやり取りされる文書のこと。インターネットでの情報検索や SNS の使用などは，Web を利用して作られている。
・**Web ブラウザ**…Web ページを閲覧するために使われるソフトウェア。

技術家庭

技術家庭

17 プログラム

プログラムとプログラミング

☐ **プログラム** 情報の技術を開発するためには，問題解決のための処理の方法や手順などをコンピュータに命令して記憶させる必要がある。その処理の方法や手順などを，命令の形で記述したものをプログラムという。

☐ **プログラミング** プログラムを書くこと。コンピュータに命令するときは，コンピュータが認識可能な**プログラミング言語**を用いる。

☐ **フローチャート** 情報処理の流れを視覚的に確認できる。

■■差がつく

プログラミング言語の種類
Cや JavaScript のようにテキストを入力するもの，Scratch のようにブロックなどを組み合わせて記述するものがある。

先生の目

複雑なプログラムも，この順次・反復・分岐という3つの基本的な処理の組み合わせなんだね。

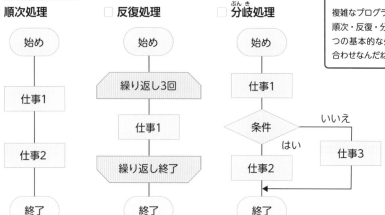

☐ 順次処理　☐ 反復処理　☐ 分岐処理

フローチャートで使う記号
始めと終了　仕事（処理）　条件による判断
繰り返しの始め　繰り返しの終了

☐ **アクティビティ図** 複数の情報処理の手順をまとめて，全体の情報処理の手順を確認できる。

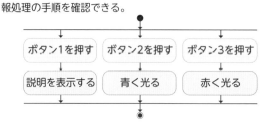

先生の目

アクティビティ図は複数処理や同時処理を表現しやすいよ。

直前

内申対策

順次処理・反復処理・分岐処理のフローチャートは確実に理解しておこう。アクティビティ図についても学習しておきたい。計測・制御システムについては，その順序や具体的なパーツと役割を覚えておこう。

コンピュータによる計測・制御システム

コンピュータを使い，自動で機器に目的の働きをさせるには，必要な情報を得て（計測），機器を適切に動作させる（制御）ことが必要。

計測・制御システムは，<u>センサ・インターフェイス・コンピュータ・仕事を行う部分</u>を組み合わせることで構成されている。

(1) 計測	センサ	光や温度などの情報を電気信号に変換。

↓ アナログ信号

(2) 変換	インターフェース	(1) と (3) の間で情報をつなぐ役割。

↓ デジタル信号

(3) 判断・命令	コンピュータ	判断，処理をして命令を出す。

↓ デジタル信号

(4) 変換	インターフェース	(3) と (5) の間で情報をつなぐ役割。

↓ アナログ信号

(5) 動作	仕事を行う部分 （アクチュエータなど）	(3) からの命令で目的の動作をする。

□ **センサ** 光，温度，圧力，音などの周辺情報を計測して，電気信号に変換する装置。

赤外センサ	タッチセンサ	温度センサ

□ **インターフェース** コンピュータとセンサや動作する部分との間で情報をつなぐ役割をするもの。

□ **仕事を行う部分** コンピュータからの命令で，目的の仕事をする。

油圧シリンダ	LED	電子ブザー

先生の目

センサは自動ドアやエアコンや冷蔵庫などの電気製品，スマートフォンのタッチパネルなど，私たちの身近でたくさん使われているね。

先生の目

インターフェイスは電気信号などのアナログ情報をデジタル情報に変換したり，その逆をしたりする働きがあるよ。

■(差)がつく

アクチュエータ
電気や空気圧などのエネルギーを機械的な動きに変換するもの。

技術家庭

161

18 幼児の成長

幼児の発達と個人差

☐ **幼児期**
- ●心身の発達が著しい時期だが，発達には個人差がある。
- ●発達の早さのちがいや，得意・不得意などを個性やその子らしさと受け止めて，尊重することが大切。

幼児の体の発達の特徴

☐ **運動機能**
- ●幼児の体や運動機能の発達には一定の方向性と順序性がある。
- ●頭から下部へ，腕から指先へ，体や運動機能が発達していく。

☐ **全身の運動機能の例**

①はいはいをする　②歩く　③走る　④スキップをする

☐ **手先の運動機能の例**

①ものをつかむ　②クレヨンでかく　③はさみを使う　④えんぴつを使う

> ■■差がつく
>
> 幼い頃は
> - ・乳児期…出生から1歳まで
> - ・幼児期…1歳から小学校入学まで
> - ・児童期…小学校入学から卒業まで
>
> に分けられる。

幼児の発達や成長にはどんな特徴(とくちょう)や傾向(けいこう)があるのかを確認(かくにん)しよう。また，幼児の体の成長と心の成長が，どんな相互作用を及ぼすのかも考えられるようになるといいね。

☐ **生理的機能**

● 幼児は呼吸数(こきゅうすう)や脈拍数(みゃくはくすう)が，大人より多い。

● 幼児には十分な水分の補給や，長い睡眠時間(すいみん)が欠かせない。

● 年齢(ねんれい)による生理的機能の比較 ★1

年齢	呼吸数	脈拍数	睡眠時間
1歳(さい)	30～40回/分	120～140回/分	12～16時間
4歳	25～30回/分	90～120回/分	10～12時間

★1 成人の呼吸数は厚生労働省(こうせい)によると12～20回/分，脈拍数は60～80回/分，睡眠時間は6時間以上を推奨(すいしょう)している。

幼児の心の発達の特徴

☐ **幼児期の心** 言葉(ことば)や認知(にんち)，情緒(じょうちょ)，社会性が発達していく。2～4歳にかけて自我(じが)が芽生え，自己主張ができるようになる。

☐ **言葉の発達**

(1)声を出そうとする…「アー」「ウー」

↓

(2)意味のある1語を使う…「ママ」「ワンワン」

↓

(3)2語文を使う…「ワンワン，きた」

↓

(4)3～4語文を使う…「きょう，ごはん，たべた」

☐ **認知の発達**

● 周囲の状況(じょうきょう)を見て適切な行動ができるようになる。

● 自分を中心に物事を捉(とら)える。

● 物などにも命や意識があるように考える。

☐ **情緒の発達**

● 3～4歳頃(ごろ)までに大人の持っている情緒がほとんど現れる。

● 年齢が低いほど率直に情緒を表現し，心の発達に合わせて安定してくる。

☐ **社会性の発達**

● 家族など，周りの人との関わりによって育まれる。

● 我慢(がまん)や自己主張などができるようになる。

先生の目

心の発達によって自分の力で生きようとする自立心や，自分の感情をコントロールしようとする自律心が芽生えるよ。

■差がつく

情緒には喜び，悲しみ，恐(おそ)れ，怒(いか)り，心配(けんぱい)，嫌悪(けんお)，嫉妬(しっと)などがある。

技術家庭

163

幼児の基本的生活習慣

☐ **基本的生活習慣** 毎日繰り返し行う行動。幼児期に身に付けることで，自立した生活の基礎となり，健康にもつながる。

●**基本的生活習慣の例**

①食事 　　②排せつ 　　③睡眠 　　④着脱衣 　　⑤清潔

☐ **社会的生活習慣** 約束やマナー，ルールを守るなど，社会の一員として生きていくために大切な習慣。周囲の人との関わりを通して身に付ける。

幼児の生活

☐ **幼児の 1 日の生活例**

●心身の健康は，よく遊び，よく食べ，よく眠ることで培われる。

●幼児の 1 日は遊びを中心としている。

●生活リズムを整えることで幼児は健やかに育つ。

① 1 歳児の生活習慣の例

時間	6	7	8	9	10	11	12	13	14	15	16	17	18	19	20	21
	起床	朝食	遊び(室内)		遊び(戸外)	昼食	昼寝			間食 遊び(室内)			夕食	遊び(室内) 入浴	就寝	

② 5 歳児の生活習慣の例

時間	6	7	8	9	10	11	12	13	14	15	16	17	18	19	20	21
	起床	朝食		登園	幼稚園		昼食		帰宅	間食 遊び(戸外)			夕食	遊び(室内) 入浴	就寝	

☐ **幼児の食生活**

●3 回の食事以外にも間食（おやつ）を食べることで，不足しがちな栄養素やエネルギーを補う。

●幼児の食事には，**マナー**や**社会性**を身に付ける効果もある。

■ **差がつく**

幼児期の胃は，大人の 2 分の 1 ほどしかないので，一度にたくさん食べられない。

幼児と遊び

☐ **遊び** 幼児の生活の大部分をしめ，心や体を発達させる。

- 一人での遊びや大人との遊びからやがて，友達といっしょに遊ぶようになる。
- 自然と触れ合うことも幼児にとっては遊びになる。
- 幼児が遊ぶ場所で誤飲やけがなどがないように，安全な環境を整えておく必要がある。

↑遊びと心・体の発達との関係

（図：遊びを中心に　言葉，運動機能，身体，認知，情緒，社会性）

↑幼児の遊び

☐ **おもちゃ** 幼児の遊びを豊かにする。

- 手作りのおもちゃで遊ぶことも，幼児の発達につながる。

幼児との関わり

☐ **幼児との触れ合い**

- 保育所や幼稚園，認定こども園などで幼児と触れ合うことができる。
- 幼児との触れ合い体験を通じて，幼児の心の動きを感じることができる。
- 幼児は家族だけでなく，**地域の人**にも支えられて成長する。
- 幼児と大人とが触れ合うことで，**伝承遊び**が受け継がれる。

技術家庭

20 食生活

食事

☐ 食事の役割

● 食事をすることで，生命や健康を維持でき，成長や活動につながる。

● 規則正しく食事をとることで，生活リズムが整う。

● 家族や友人との食事は，人と人とのつながりを深める。

● 郷土料理に触れることで，食文化が伝承される。

↑生命や健康の維持
　体の成長

↑生活リズムを整える
　活動のエネルギー

↑人とのつながり
　食文化の伝承

健康のための食生活

☐ 食習慣

● 日頃の食事の仕方や習慣のことで，健康に大きな影響を与える。

● 欠食や偏食，過食，夜遅くの食事などが続くと，生活習慣病にかかりやすくなる。

● 生涯を通して健康的に過ごすためには，中学生の時期に健康によい食習慣を身に付けることが大切。

● 自分の食習慣を定期的に振り返り，改善する。

☐ 生活習慣病

● 食習慣や運動習慣，睡眠習慣などの生活習慣の悪化が原因で起こる病気。

● 日本では，高血圧や糖尿病，がん，心臓病，脳卒中などが生活習慣病とされている。

■<差>がつく

・欠食
　…食事を抜くこと。

・偏食
　…好き嫌いなどによって栄養バランスが偏った食事をすること。

・過食
　…食べ過ぎること。

直前
内申
対策

食事の役割や，食生活の乱れによって起こることを確認しよう。また，朝食の効果や，誰かといっしょに食べる重要性を押さえ，食事がわたしたちの心身にどんな影響を与えるのかを考えよう。

朝食の必要性

- 朝食を食べることで，体温を上昇させることができる。また，午前中の活動に必要なエネルギーを補給することができる。
- 朝食を抜くと，活動力や集中力が低下しやすくなる。
- 朝食をとった場合ととっていない場合の体温の変化

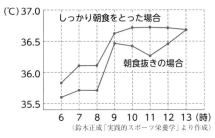

（鈴木正成「実践的スポーツ栄養学」より作成）

- 朝食をとることで 1 日の生活リズムが整う。
- 早寝早起きで朝食の時間を確保することが大切。

誰と食べる？

食事の形態

- 孤食や個食が増えているといわれている。
- 家族や友人といっしょにとる食事（共食）によって，きずなが深まり，体の健康にも心の健康にもよい影響がある。
- 朝食の形態と心や体の状況

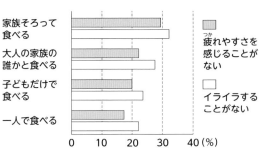

（日本スポーツ振興センター「平成22年度児童生徒の食事状況等調査」より作成）

・孤食
…一人で食事をとること。
・個食
…それぞれが別の食べ物を食べること。
意味の違いに注意しよう。

技術家庭

21 栄養素

栄養素

☐ **栄養素の吸収**　私たちは食品を食べることで，栄養素を吸収する。

☐ **「五大栄養素」の働き**

①たんぱく質

- **血液や臓器，筋肉**など体の組織をつくるもとになる。
- 体内で分解され，**エネルギー源**ともなる。
- 動物性たんぱく質には，必須アミノ酸が含まれている。

②無機質（ミネラル）

- **カルシウムやリン**…骨や歯をつくるもとになる。
- **鉄**…血液をつくるもとになる。

③ビタミン

- ビタミン A…目の働きをよくし，皮膚や粘膜を健康に保つ。
- ビタミン B1・B2…脂質や糖質がエネルギーになるのを助ける。
- ビタミン C…抵抗力を高めたり，傷の回復を早めたりする。
- ビタミン D…歯や骨などを丈夫にする。

④炭水化物

- 糖質…ぶどう糖などに分解されて，エネルギー源になる。
- 食物繊維…消化・吸収されず，腸の働きを整える。

⑤脂質

- エネルギー源となったり，細胞膜をつくったりする。

水

☐ **水の働き**　栄養素ではないが，栄養素の運搬，老廃物の排出，体温調節などを行う。

中学生に必要な栄養

☐ **食事摂取基準**　健康を維持したり成長したりするために，取ることが望ましいエネルギーや栄養素の量の基準を示したもの。（次のページの右上）

■く差がつく

主に体の組織をつくるのは
- たんぱく質
- 無機質
- 脂質

主に体の調子を整えるのは
- 無機質
- ビタミン

主にエネルギーになるのは
- 炭水化物
- 脂質
- たんぱく質

先生の目

食事摂取基準の値は，年齢や性別，活動量によって異なるよ。

五大栄養素にはそれぞれどのような種類があり，どのような働きをするかは，よく問われるのでしっかりと表を確認しておこう。また，それぞれの栄養素を多く含む食品はどのようなものかもあわせて押さえておくといいよ。

★1　1mg＝1,000μg

栄養素 エネルギー・ 年齢・性別		エネルギー	たんぱく質	無機質		ビタミン					脂質	食塩相当量
				カルシウム	鉄	ビタミンA	ビタミンB₁	ビタミンB₂	ビタミンC	ビタミンD		
		kcal	g	mg	mg	μg★1	mg	mg	mg	μg	％	g
12～14歳	男	2,600	60	1,000	10.0	800	1.4	1.6	100	8.0	20～30	7.0 未満
	女	2,400	55	800	12.0	700	1.3	1.4	100	9.5	20～30	6.5 未満

厚生労働省『日本人の食事摂取基準(2020年版)』

↑中学生の食事摂取基準(1人1日あたり)

食品に含まれる栄養素

- □ **食品成分表**　食品の可食部100g中に含まれる**栄養素の種類や量**が示されている。
- □ **6つの(基礎)食品群**　五大栄養素のうち，同じ栄養素を多く含む食品を6つのグループに分けたもの。
- □ **食品群別摂取量の目安**　食事摂取基準を満たすために，どのような食品をどのくらい食べればよいかを食品群ごとに示したもの。

差がつく

可食部とは，骨や皮などをのぞいた，食品の食べられる部分のこと。

役割	群	主な食品	食品群別摂取量の目安
主に体の組織をつくる	1群	肉・魚・卵・豆・豆製品	女…300g 男…330g
	2群	牛乳・乳製品・小魚・海藻	400g
主に体の調子を整える	3群	緑黄色野菜	100g
	4群	その他の野菜・果物・きのこ	400g
主にエネルギーになる	5群	穀類・いも・砂糖	女…650g 男…700g
	6群	油脂・種実	女…20g 男…25g

↑6つの(基礎)食品群と食品群別摂取量の目安

差がつく

・1群…たんぱく質
・2群…カルシウム
・3群…カロテン
・4群…ビタミンC
・5群…炭水化物
・6群…脂質
を多く含む食品。

技術家庭

技術家庭

22 献立（こんだて）

計画的な食事

☐ 献立　食事作りの計画のこと。

☐ 献立の考え方
- 料理の種類や組み合わせ，順序などを決める。
- 主食，主菜，副菜，汁物（飲み物）の構成で考える。
- 食品群別摂取量の目安（1日にどんな食品をどれだけ食べたらよいかを食品群ごとに示したもの）や食品の概量を参考にする。
- 食べる人の好みや調理方法の組み合わせ，食品の旬などを考えて，工夫する。

先生の目

1回の食事の献立を考えるときには「食品群別摂取量の目安」の3分の1がとれているかを確かめてみよう。

差がつく

カレーライスや親子丼など，主食と主菜をいっしょに食べる料理などもあり，主食や主菜，副菜は分けられない場合もある。

献立作りの手順の例

☐ 主食を決める
- 米やパン，めん類など，炭水化物の供給源になる食材が多い。

↑米飯

↑パン

↑ラーメン

↑うどん

☐ 主菜を決める
- 魚や肉，卵，豆など，たんぱく質と脂質を多く含む食材が多い。

↑とんかつ

↑ハンバーグ

↑さばのみそ煮

↑さけの塩焼き

バランスのよい献立を考えるためには，どのような点に注意すればよいかを確認しておこう。また，それぞれの食品に含まれる栄養素などを参考にして，1日分や1食分の献立を考えられるようになるといいね。

☐ 副菜を決める

●野菜や海藻，きのこ，いも類などを使うことが多い。ビタミンや食物繊維，無機質の供給源になる食材が多い。

↑ほうれんそうのごまあえ

↑ポテトサラダ

↑かぼちゃの煮物

↑きゅうりとわかめの酢の物

☐ 汁物（飲み物）を決める

●みそ汁やスープなどの汁物のほか，牛乳やフルーツジュースなどの飲み物も含まれる。

↑みそ汁

↑コーンスープ

↑牛乳

↑トマトジュース

☐ バランスを確かめる

●食品の種類や量を確認する。

●それぞれの料理の食材が，**6つの食品群**のうちどこに入るのかを確認し，分量を点検する。

☐ **食事バランスガイド** 1日に何をどれだけ食べたらよいのかを，主食，主菜，副菜，牛乳・乳製品，果物のグループ別に示したもの。

差がつく
主食・主菜・副菜・汁物（飲み物）を決める順番は，入れ替えてもよい。

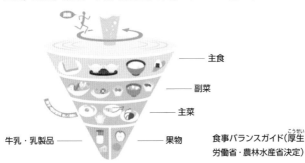

主食

副菜

主菜

牛乳・乳製品

果物

食事バランスガイド（厚生労働省・農林水産省決定）

食品の選択と表示

食品の種類

●生鮮食品と加工食品に分けられる。

●生鮮食品とは野菜や果物，魚，肉など，とれたときの形や鮮度を
ほとんど保っている食品である。野菜や魚にはよくとれる時期で
ある，旬（出盛り期）がある。

●生鮮食品に手を加えた食品を，加工食品という。

食品の表示

●食品表示法により，食品には食品表示が義務付けられている。

●生鮮食品と加工食品では，義務付けられている表示が異なる。

●食品には食品表示以外にも，食品を選択する際に参考になるマー
クがある。

生鮮食品の表示

●生鮮食品は鮮度が低下しやすくいたみやすいので，保存方法に注
意して早めに食べきる。

●名称と原産地を表示しなければならない。消費期限や加工年月日，
保存方法などが記載されている食品もある。

●魚介類の表示の例

原産地（とれた場所）
加工業者（販売業者）の名称や所在地
名称
保存方法

●肉類の表示の例

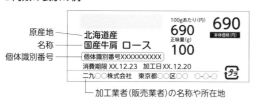

原産地
名称
個体識別番号
加工業者（販売業者）の名称や所在地

■**差**がつく

食品には様々なマークが
付けられる。それぞれの
マークの意味を押さえてお
こう。

・JAS マーク

・有機 JAS マーク

・特定保健用食品マーク

■**差**がつく

肉類に表示されている個
体識別番号は，インターネッ
トで検索すると，生産履
歴を確認できる。

加工食品の表示

● 加工食品は保存性を高めたり，新しい食品を作ったり，調理の手間を省いたりする目的で生産される。

● 名称，原材料名，内容量，賞味期限または消費期限，保存方法，栄養成分表示，製造業者または販売業者を表示しなければならない。また，原材料に食物アレルギーの原因となる食品や遺伝子組み換え食品を含む場合は，それらも表示する必要がある。

● 加工食品の表示の例

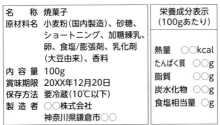

名　称	焼菓子
原材料名	小麦粉(国内製造)、砂糖、ショートニング、加糖練乳、卵、食塩/膨張剤、乳化剤(大豆由来)、香料
内容量	100g
賞味期限	20XX年12月20日
保存方法	要冷蔵(10℃以下)
製造者	○○株式会社 神奈川県鎌倉市○○

栄養成分表示 (100gあたり)	
熱量	○○kcal
たんぱく質	○○g
脂質	○○g
炭水化物	○○g
食塩相当量	○g

製造所　有限会社△△神奈川県海老名市○○

食品の保存と安全

□ 食中毒　食べたものが原因で起こる，腹痛や嘔吐，下痢など。

□ 保存方法

● 冷蔵庫や室温など，それぞれの食品に適した方法で保存する。

● 冷蔵庫での保存

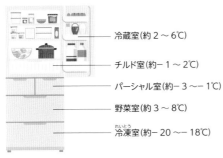

冷蔵室(約2〜6℃)

チルド室(約−1〜2℃)

パーシャル室(約−3〜−1℃)

野菜室(約3〜8℃)

冷凍室(約−20〜−18℃)

□ 食品安全基本法　食品の安全を保つために，国が定めた法律。

□ 食品安全委員会　科学的な研究に基づき，健康をおびやかすおそれのある食品の評価を行っている。

先生の目

賞味期限は，おいしさが保証されている期限のこと。消費期限は，安全が保証されている期限のこと。違いを押さえておこう。

差がつく

食品を加工・製造する過程で食品に加えられるものを食品添加物という。

差がつく

・冷蔵室…卵，牛乳，納豆など
・チルド室・パーシャル室…魚，肉など
・野菜室…野菜，果物など
・冷凍室…冷凍食品などを保存する。

技術家庭

173

24 調理

調理

■■〈差〉がつく

調理実習では，「計画」→「準備」→「調理」→（「盛りつけ・配膳」）→「試食」→「かたづけ」→「反省」の手順で進める。

□ 調理の目的

● 食品を食べやすく，安全に，おいしくなるように整えること。

● 調理には，計量する，洗う，切る，加熱する（ゆでる，いためる，煮る，焼く，蒸すなど），調味するなどがある。

● 調理をする際には，安全や衛生に注意する。

□ 肉の調理

● 肉の種類や部位と，それぞれに適する調理の例

①ぶた肉   ②牛肉   ③とり肉

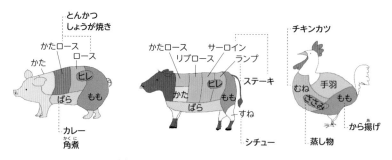

● 肉はたんぱく質を多く含む。加熱すると，たんぱく質が変性して縮んでかたくなるため，加熱前にたたいたり，筋を切ったりしておく。

● 肉のうまみを逃がさないために，最初は強火で加熱する。肉から出るうまみを汁に出すときは，水から加熱する。

□ 魚の調理

● 魚は肉質によって，白身魚と赤身魚に分けられる。

①白身魚…脂質が少ない。生だとかたく，加熱するとほぐれやすい。かれい，ひらめ，たらなど。

②赤身魚…生だとやわらかく，加熱するとかたくなる。かつお，まぐろ，あじなど。

● 魚の脂質には，血液中のコレステロール値を下げ，動脈硬化や心筋梗塞などを防ぐ効果のある物質（DHA や EPA）が含まれる。

先生の目

肉の部位によって，適した料理や調理方法があるよ。うまみを逃がさず，やわらかく食べられる方法を探してみよう。

直前 内申対策

食品を調理する際の注意点や，基本的な調理方法を理解しよう。また，肉，魚，野菜・いもなど，それぞれの食品に合った調理方法や各食材の性質なども押さえておくといいよ。

● 新鮮な魚は刺し身として生でも食べられる。生で食べる場合は，寄生虫や菌による食中毒が起こらないよう，より衛生状態に注意する。

● 魚の下ごしらえ（例：あじ）

(1)包丁の先でうろこを取る。

(2)ぜいご（とげのようなうろこ）を取る。

(3)えらを取る。

(4)腹に切れ目を入れて内臓を出す。

(5)流水で洗う。

野菜・いもの調理

● 水分やビタミン，無機質，食物繊維などがたくさん含まれる。

● 野菜には旬がある。旬の野菜は栄養素が多く含まれ，味もよい。

● やわらかく，あくの少ない野菜は生で食べられる。

● 野菜を加熱するとかさが減る。

● ごぼうなどを切ったまま放置しておくと，切り口が黒っぽく変化する。これを褐変という。

● 野菜によって，どの部分を食べるかが異なる。

① 実や種を食べるもの（果菜類）…トマト，ブロッコリー，なす
など【肉質がかたく，みずみずしいものが新鮮。】

② 葉を食べるもの（葉菜類）…キャベツ，ほうれんそう　など
【色がよく，つやがあるものが新鮮。】

③ 茎を食べるもの（茎菜類）…たけのこ，アスパラガス　など
【色がよく，つやがあるものが新鮮。】

④ 根を食べるもの（根菜類）…さつまいも，にんじん，だいこん
など【かたく重いもの。いも類は，芽が出ていないものが新鮮。】

差がつく
褐変を防ぐには，切ったあとすぐに水につけるとよい。

技術家庭

25 調理の技能と食品の知識

洗う

☐ **食品の洗い方**
- ●調理の前に，食品の表面の汚れを取り除く。
- ●**青菜**は，根元に汚れが残りやすいので広げてしっかりと洗う。
- ●いもやごぼうなど泥のついたものは，たわしでこすって洗う。

計量する

☐ **計量スプーンの使い方**
- ●1杯をはかるときは，**山盛り**にすくったあと，へらですり切る。
- ●2分の1杯をはかるときは，へらで2等分の線を引いて，**半分**を除く。

切る

☐ **包丁の使い方** 柄をしっかりにぎる。包丁の先を人に向けない。
- ●食品の押さえ方

指先を丸めよう

○左利き　○右利き　×

↑○（左利き）の例　　↑○（右利き）の例　　↑×の例

☐ **野菜の切り方**

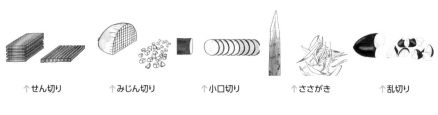

↑せん切り　　↑みじん切り　　↑小口切り　　↑ささがき　　↑乱切り

↑くし形切り　　↑いちょう切り　　↑半月切り　　↑輪切り

「洗う」「計量する」「切る」「加熱する」など，調理の際に必要な技法に関する知識や注意点を確認しておこう。また，日本の伝統的な食文化や，持続可能な食生活のための取り組みについても押さえておこう。

加熱する

□ 加熱方法
- ●<u>いためる</u>…なべに油を熱して，材料をかきまぜながら加熱する。
- ●<u>焼く</u>…直接火で焼く「直火焼き」と，フライパンなどを使う「間接焼き」がある。
- ●<u>ゆでる</u>…食品を水の中で加熱する。
- ●<u>煮る</u>…だしや調味液の中で火を通す。
- ●<u>蒸す</u>…水蒸気を利用して加熱する。

□ 火加減
- ●<u>強火</u>…鍋底全体に火が当たる程度の火加減。
- ●<u>中火</u>…火の先が鍋底に当たるか当たらないか程度の火加減。
- ●<u>弱火</u>…鍋底まで半分ほどの火の大きさの火加減。

食文化

- □ <u>和食</u>　日本の伝統的な食文化のこと。主食は米で，発酵調味料（みそやしょうゆなど）やだしを使って季節の食材を料理する。
- □ <u>郷土料理</u>　地域特有の伝統的な料理。
- □ <u>行事食</u>　年中行事のときに食べる特別な食事。正月の雑煮や，ひな祭りのちらしずし，子どもの日のちまきなどがある。

持続可能な食生活

- □ <u>食品ロス</u>　食べられるのに捨てられてしまう食品のこと。<u>食品ロス</u>を減らすためには，献立や調理方法を工夫したり，計画的に食品を購入したりする必要がある。
- □ <u>食料自給率</u>　国内で消費される食料のうち，国内で生産されている食料の割合のこと。日本の<u>食料自給率</u>は40％以下で，主要先進国の中で最低水準。
- □ <u>フード・マイレージ</u>　食品を輸送することで環境にどれくらい負荷を与えるかを示す指標のこと。これを下げるためには，地産地消の取り組みを行うことが大切である。

差がつく
地域で生産された食材をその地域で消費する取り組みを，<u>地産地消</u>という。

差がつく
食品を多く輸入している日本は，フード・マイレージが大きい。

26 衣生活

衣服の選択

☐ 衣服の 3 つの働き

- ●社会生活上の働き…社会生活を円滑に送るうえで大切な働き。個性を表現したり，職業や所属を表したり，気持ちを表現したりする。
- ●保健衛生上の働き…けがや汚れなどから体を保護したり，暑さや寒さから体を保護したりする働き。
- ●生活活動上の働き…作業や運動をしやすくする働き。

☐ 衣服の着方

- ●衣服には T.P.O（Time: 時間・Place: 着て行く場所・Occasion: 状況）に応じたふさわしい着方がある。
- ●衣服には着ている人の考え方や好みがよく表れる。自分らしい着方を工夫しよう。

☐ 日本の衣文化

- ●衣服には，日本人が昔から着ていた和服と，西洋から伝来した洋服がある。
- ●和服と洋服には衣服の構成に違いがある。和服は平面構成，洋服は立体構成である。
- ●和服と洋服の構成の違い

①和服

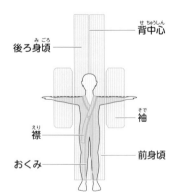

②洋服

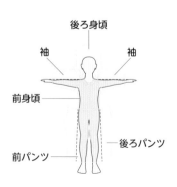

- ●浴衣は，江戸時代から夏の部屋着として親しまれていた。

直前

内申
対策

衣服の役割や働きについて**理解しよう**。目的に応じた着方や自分らしい着方，衣服の選び方などがわかるといいね。また，日本の衣文化や和服と洋服の違いについても確認しておこう。

衣服計画

●必要な衣服の枚数や種類を考え，手持ちの衣服を点検する。足りないものは，購入する，製作する，人から譲り受けるなどして入手する。

既製服の選び方

●**デザインや色**…いま持っている衣服と組み合わせられるかなどを考える。

●**品質**…ボタンつけや縫製の状態，手入れのしやすさなどを確認する。

●**表示**…サイズ，繊維の種類，取り扱い方法などを確認する。

①既製服の主な表示

サイズ表示	着る人の身体寸法を示す表示。
組成表示	布に使用されている繊維の種類と混用率を表す表示。
取り扱い表示	洗濯などの手入れ方法を示す表示。
原産国表示	衣服が裁断・縫製された国を示す表示。

②取り扱い表示の例

記号	説明	記号	説明
⊠40	40℃までの液温で通常の洗濯ができる。	アイロン	110℃までのスチームなしでアイロンを使用できる。
40	40℃までの液温で弱い洗濯ができる。	Ⓟ	石油系溶剤でのドライクリーニングができる。
✕	家庭での洗濯はできない。	▯	つり干しがよい。
△	塩素系および酸素系漂白剤を使用できる。	▱	日かげでの平干しがよい。

③自分の体に合う既製服を買うためには，体の各部位の寸法を測る採寸を行うとよい。

●**価格**…予算の範囲内かを確認する。また，「返品が可能か」など保証についても事前に調べるとよい。

差がつく

レインコートなど，水をはじく性質が必要な既製服にははっ水性の表示も義務付けられている。

差がつく

繊維の種類によって，特徴が異なる。例えば，ポリエステルはしわになりにくく，綿は湿気をよく吸う。

差がつく

サイズや着心地を確認するために，既製服を購入する前には試着をするとよい。

技術家庭

27 衣服の管理

衣服の手入れ

☐ 手入れの必要性
- ●衣服は着ているうちに泥や汗，食べこぼしなどの汚れが付き，それを放置するとしみになる。
- ●衣類を着ていると，ほころびやしわが生じる。
- ●衣服を快適に，長く着るためには適切な手入れが必要。

☐ 手入れの方法
- ●汚れた衣服は，洗濯やしみ抜き，ブラシかけ，クリーニング店に出すなどする。
- ●ほころびやしわが生じた衣服は，補修をしたりアイロンをかけたりして手入れをする。

☐ 衣服の素材
- ●天然繊維…植物繊維（綿や麻など）と，動物繊維（毛や絹）などに分けられる。
- ●化学繊維…合成繊維（ポリエステルやナイロン，アクリルなど）と再生繊維（レーヨンなど）に分けられる。
- ●繊維の種類によって，適した洗剤やアイロンの適正温度などが異なる。
- ●繊維の種類と手入れに関わる特徴

食べこぼし　汗　ボタンが取れる
しわ　泥
スナップが取れる

裾がほころびる

↑手入れの必要な衣服の例

■差がつく

繊維の特徴を知って，洗濯やアイロンがけを行うことで，衣服を長持ちさせることができる。

繊維の種類			適する洗剤	アイロンの温度	特徴
天然繊維	植物繊維	綿	弱アルカリ性	高	水をよく吸う。しわになりやすい。
		麻	弱アルカリ性	高	水をよく吸う。しわになりやすい。
	動物繊維	毛	中性	中	虫の害を受けやすい。水中でもむと縮む。
		絹	中性	中	虫の害を受けやすい。日光で黄ばむ。
化学繊維	合成繊維	ポリエステル	弱アルカリ性	中	乾きやすい。しわになりにくい。害虫に強い。
		ナイロン	弱アルカリ性	低	
		アクリル	弱アルカリ性	低	

直前
内申
対策

衣服の汚れの原因などを理解するとともに，適切な手入れの方法について理解しておこう。また，衣服に使われている繊維の種類や，それぞれの繊維の特徴に合った手入れのポイントも押さえよう。

衣服の洗濯

- 洗濯には**洗濯機洗い**や**手洗い**，**ドライクリーニング**などがある。
- 洗剤は**せっけんと合成洗剤**に分けられる。
- 合成洗剤には，水と油を混じるようにし，汚れを繊維から離す働きのある**界面活性剤**が含まれている。
- 部分的な汚れを落とす場合は<u>しみ抜き</u>を行う。

衣服の干し方・たたみ方

- 衣服は繊維の性質に合った干し方がある。取り扱い表示を見て，適切な干し方を確認する。
- 干し方には，日干し，陰干し（日陰で干す），つり干し（ハンガーなどでつるして干す），平干し（型くずれを防ぐため，平らな物の上で干す）などがある。
- 衣服をたたむときは，小さくかさばらず，しわを付けないようにする。

①Tシャツのたたみ方 　　②セーターのたたみ方

アイロンがけ

- しわが気になるときは<u>アイロンがけ</u>を行う。
- アイロンの適温は，<u>取り扱い表示</u>で確認する。

高温 200℃まで	中温 150℃まで	低温 110℃まで スチームなし	アイロン禁止

当て布が必要な場合，記号のそばに書かれます。
↑取り扱い表示（アイロンの例）

- シャツは，①襟，②カフス・袖，③肩，④前身頃，⑤後ろ身頃の順にアイロンをかけるとよい。

差がつく

洗濯機洗いは，
1. 表示の確認や点検・補修
2. 洗剤の準備
3. 洗濯機による洗濯
4. 乾燥・仕上げ・収納
という手順で行う。

先生の目

アイロンを使うときは，
・安定した場所で使う。
・電源を入れたままその場を離れない。
・持ち手以外は触らない。
・かけ終わったら，目盛りを「切」に合わせて電源プラグを抜く。
などに注意しよう。

技術家庭

28 住生活

住まいのはたらき

☐ 住まいの役割

- **生命や生活を守る**…暑さや寒さ，日射，雨風，自然災害などの危険から身を守ってくれる。
- **安心と健康をもたらす**…くつろいだり，安心して眠ったりできる。
- **子どもが育ち，家族が支え合う**…子どもが生まれて育ち互いに成長したり，高齢者・病人などが守られながら生活したりできる。

☐ 住まいに必要な空間

- 私たちは住まいでさまざまな<u>生活行為</u>を行っている。
- 生活行為によって<u>住空間</u>を分類できる。

  ①<u>家族共有の空間</u>…食事や団らんなどを行う。

  ②<u>生理・衛生の空間</u>…排泄や入浴，洗面などを行う。

  ③<u>家事作業の空間</u>…調理や洗濯などを行う。

  ④<u>移動と収納の空間</u>…通行や出入り，収納などを行う。

  ⑤<u>個人生活の空間</u>…睡眠や仕事，趣味，勉強などを行う。

☐ 家族と住まい

- 家族の人数や年齢，暮らし方，価値観などによって理想的な住まいは異なる。

> **■差がつく**
>
> **住空間を考えるポイント**
> ・家族の暮らし方に合っているか
> ・家族それぞれの居場所があるか
> ・家事や掃除がしやすいか
> ・収納スペースが十分にあるか
> ・風通しはいいか
> ・明るいか

住まいの特徴

☐ 和式

- 日本の伝統的な住まい方のこと。日本の伝統的な住まいでは「夏は涼しく，冬は暖かく」過ごせるため工夫がされている。
- 和式の住まい方の例

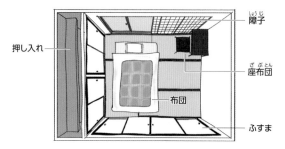

押し入れ　障子　座布団　布団　ふすま

☐ 洋式

● ベッドや椅子を使う欧米・西洋の住まい方のこと。冬の寒さに対応してつくられていることが多い。

● 洋式の住まい方の例

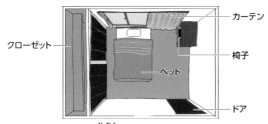

クローゼット ── カーテン ── 椅子 ── ベッド ── ドア

☐ 和式と洋式の住まいの比較

	和式	洋式
玄関	靴を脱ぐ	靴のまま入る
座る場所など	畳や座布団に座る	椅子を使う
窓やドア	引き戸	開き戸
寝具	布団	ベッド
入浴	湯につかる	シャワーで流す

> **先生の目**
>
> 現代では，和式の住まいと洋式の住まいを組み合わせた，和洋折衷の住まいも多く見られるよ。

心地よい住まい

☐ 快適な室内環境

● 温度や湿度，風通しのほか，明るさや光，音などにも気を配る。

● 住まいが原因になって起こる体調不良をシックハウス症候群という。化学物質などによって，室内の空気が汚染されることで起こる。

● 適切に換気していない室内で，石油ストーブやガスこんろなどの燃焼器具を使うと，不完全燃焼が起こり，一酸化炭素が発生することがある。

● 室内の空気は，カビやダニ，ほこり，毛，防虫剤，二酸化炭素などで汚染される。換気扇を使ったり窓を開けたりして，換気を心がける。

> **差がつく**
>
> 一酸化炭素は，少しの量でも人体に影響を及ぼす。学校などでは 0.001% 以下の濃度にするよう定められている。

技術家庭

29 安全な住まい

住まいの安全

☐ **家庭内事故**
- 住まいで起こる事故のこと。
- 転倒・転落，誤飲，打撲，衝突などがある。
- 幼児や高齢者の事故は重大化しやすいので，特に注意する。

☐ **住まいの安全対策**
- 幼児のための住まいの安全対策
① 幼児が身を乗り出さないように，**手すりや柵を高く**する。
② 低い目線で住まいの中を確認する。
③ 家具や柱の角などに**クッション**をつける。
④ 誤飲のおそれのあるものや刃物などを，幼児の手の届く範囲に置かない。
- 高齢者のための住まいの安全対策
① 床の段差をなくす。
② つまずきやすいものを床に置かない。
③ 照明を明るくして，足もとを見やすくする。
④ 階段や浴室，玄関，トイレなどに手すりをつける。
⑤ 火を使わない暖房器具や調理器具を選ぶ。

☐ **防火対策**
- 住宅火災によって，毎年多くの人が亡くなっているが，中でも**高齢者は全体の約7割**を占める。
- 調理器具や暖房器具を使っているときは，**燃えやすいものを近くに置かない**よう注意する。
- **火災警報器**が設置されているかを確認し，点検や交換を欠かさないようにする。

☐ **防犯対策**
- **近隣住民同士のつながり**を密にし，お互いの家を見守る。
- 普段から**鍵をかける**など，防犯に対する意識を持つことが重要。

先生の目

危険がせまってひやりとしたり，はっとしたりすることをヒヤリ・ハットというよ。住まいの中でヒヤリ・ハットを経験したことはないかな？

差がつく

温度が急激に変化することで，血圧が変動して脳梗塞や心筋梗塞を引き起こすことを「ヒートショック」という。トイレや浴室は，居間と温度の差が大きいため注意が必要だ。

家族が安全に暮らせるように，家庭内事故の危険性や安全対策の重要性を押さえよう。また，住まいの災害対策についても確認し，住まいの中にひそむ危険に気付けるようになるといいね。

災害への対策

□ 防災・減災

- 日本は地震や津波，台風，土砂災害など**自然災害**が多い。日ごろから備えをしておくことで，被害を軽減できる。
- 災害に備えて，避難場所や消火器の設置場所を確認したり，防災用品を準備したりしておくとよい。
- 地震に備えて，物の置き方や家具の配置を工夫しておく。地震の二次災害として発生する通電火災にも気を付ける。

通電火災とは，地震などが原因で停電になった後，復旧する時に発生する火災のこと。

□ 住まいの地震対策

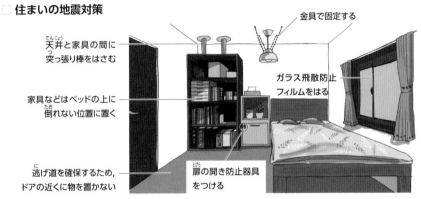

- 金具で固定する
- 天井と家具の間に突っ張り棒をはさむ
- 家具などはベッドの上に倒れない位置に置く
- ガラス飛散防止フィルムをはる
- 逃げ道を確保するため，ドアの近くに物を置かない
- 扉の開き防止器具をつける

□ 避難

- 災害によって命に危険が迫っているときは，自治体の指示などに従って避難する。避難の際にはハザードマップを参考にする。

ハザードマップとは，自然災害による被害を予測して，地図に表したもののこと。避難経路や避難場所も示されている。

持続可能な住生活

□ 資源や再生可能エネルギーの活用

- 緑のカーテンを作ったり太陽光発電を利用したりするなど，環境に配慮した住まいが注目されている。

□ **ノーマライゼーション** 障がいのある人もない人も，すべての人が平等に暮らせる社会を目指す考え方。

□ **ユニバーサルデザイン** 誰もが使いやすい製品や空間のデザイン。

□ **バリアフリー** 障がいのある人や高齢者が生活するうえでの障壁を取り除くこと。

技術家庭

30 消費生活

消費生活

☐ 消費生活のしくみ

● 私たちが購入している<u>商品</u>には，<u>物資</u>と<u>サービス</u>がある。

① 物資…**食料品**や衣料品，日用品，医薬品など，形のある商品。

② サービス…**交通**や**通信**，教育，映画など，形のない商品。

● 物資やサービスを購入し，使う人のことを<u>消費者</u>という。

● 消費者の「買いたい」という意思と，販売者の「売りたい」という意思が合致したときに<u>契約</u>が成立する。契約は，簡単に取り消すことができない。

● クレジットカードで支払う際は，消費者と販売者，カード会社で**三者間契約**が結ばれる。

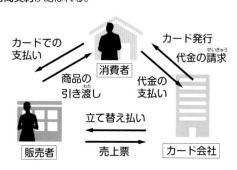

↑三者間契約のしくみ

購入方法と支払い方法

☐ 主な販売方法

● <u>店舗販売</u>…専門店，デパート，コンビニエンスストア，ドラッグストア，ショッピングセンターなど。

● <u>無店舗販売</u>…通信販売，訪問販売，自動販売機，移動販売など。

☐ 商品の代金の支払い方法

● <u>即時払い</u>…現金などで支払う。

● <u>前払い</u>…商品券やプリペイドカードなどで支払う。

● <u>後払い</u>…クレジットカードなどで支払う。

商品の購入方法や支払い方法などを理解して，消費者としての自覚を持てるようになろう。また，適切な金銭の管理方法や消費トラブルの背景なども押さえ，よりよい消費生活について考えよう。

金銭の管理

☐ 収入と支出
● 私たちは得た収入（所得）を，目的に応じて支出することで生活している。家庭の収入と支出を家計という。

☐ 金銭の管理
● 収入と支出のバランスを保つことが大切。
● レシートを保管したり，家計簿をつけたりして管理をする。

消費者トラブルと対策

☐ 消費者トラブル
● 消費活動の中で起こる問題のこと。
● インターネットの普及やキャッシュレス化の進行によって，支払い方法が多様化し，被害が起きやすくなっている。
● トラブルの原因の一つとして，物を売りつけるなど悪質な販売をする悪質商法がある。

☐ 悪質商法の例
● アポイントメントサービス…電話やメールなどで約束を取りつけて，営業所や店舗などに呼び出し，商品を売りつける。
● 悪質な訪問販売…職場や自宅などに訪問し，無理に売りつける。

☐ 消費者トラブルの対策
● 契約後も，一定期間内に書面で通知すれば契約を解除できるクーリング・オフ制度がある。
● トラブルに巻き込まれた場合は，消費者庁や国民生活センター，消費生活センターなどに相談するとよい。

商品の選択と購入

☐ 適切な商品の選び方
● 本当に必要なもの（ニーズ）と，欲しいもの（ウォンツ）を分けて考えるとよい。
● 安全性と機能，価格，アフターサービス，環境への配慮などを総合的に考えて意思決定するとよい。

差がつく

悪質商法には他にも，街頭で呼び止めた消費者を営業所や店舗にさそい出して商品を売りつける「キャッチセールス」や，出会い系サイトなどで知り合い親しくなってから高額な商品を売りつける「デート商法」などがある。

差がつく

インターネットの普及により，フィッシング詐欺（業者や銀行になりすまして個人情報を盗む）やワンクリック詐欺（URLをクリックすると，不当に利用料金を請求される）なども増えている。

技術家庭

技術家庭

31 消費と環境

消費者の権利と責任

- ☐ **消費者の権利と責任**　消費者団体の国際連絡組織である国際消費者機構(CI)は，消費者の 8 つの権利と 5 つの責任を挙げた。

  ●8 つの権利

  ・安全を求める権利　・知らされる権利　・選択する権利

  ・意見が反映される権利　・補償を受ける権利

  ・消費者教育を受ける権利

  ・生活の基本的ニーズが保障される権利

  ・健全な環境を享受できる権利

  ●5 つの責任

  ・批判的意識を持つ責任　・主張し行動する責任

  ・連帯する責任　・環境への配慮をする責任

  ・社会的弱者に配慮する責任

- ☐ **消費者に関する法律**

  ●消費者基本法…消費者の権利の尊重や自立の支援を基本理念に掲げている。

  ●消費者契約法…消費者と事業者の間に結ばれる契約すべてに適用。悪質商法で契約した場合，取り消すことができる。

  ●製造物責任法(PL 法)…製品の欠陥によって被害を受けた場合，製造業者の責任を問うことができる。

  ●特定商取引法…クーリング・オフ制度など，消費者を守るルールを規定している。

エネルギーや資源の消費

- ☐ **エネルギー消費**

  ●私たちは，化石燃料から作られたエネルギーを消費して生活している。

  ●化石燃料を燃焼することで出る二酸化炭素は，温室効果ガスとして地球温暖化をもたらす。

  ●エネルギーを消費することで環境に与える影響を減らすため，再生可能エネルギーを活用することが重要である。

先生の目

消費者基本法では，消費者は保護されるものではなく，権利の主体と考えられているよ。

差がつく

商品を購入することは，「選挙の投票」と同じで，商品や販売者を支持するという意思表示になる。

差がつく

再生可能エネルギーとは，太陽光や風力，水力，地熱，バイオマスなど，繰り返し利用できるエネルギーのこと。

消費者の権利と責任について理解するとともに，自分の消費行動を工夫できるようになろう。また，持続可能な消費生活を実現するために私たちができることについても整理しよう。

持続可能な社会

☐ **消費者市民**
- 社会や環境に配慮した意思決定のできる，自立した消費者のこと。
- 特に，自然環境の保護に配慮して商品を選ぶ消費者を <u>グリーンコンシューマー</u>という。

☐ **循環型社会**
- 限りある資源を循環させながら利用し続けていく社会のこと。
- 循環型社会を推進する取り組みに，<u>リデュース</u>(発生抑制)，<u>リユース</u>(再使用)，<u>リサイクル</u>(再生利用)がある。この 3 つはあわせて <u>3R</u> と呼ばれている。

↑循環型社会を推進する取り組み

> **差がつく**
>
> 3R にリフューズ(Refuse「断る」)やリペア(Repair「直して使う」)を加えて <u>5R</u> としたり，リフォーム(Reform「形を変えて再利用」)を加えたりする場合もある。

☐ **持続可能な社会**
- 資源を循環させ，エネルギー消費を減らす取り組みによって，持続可能な社会の実現につながる。
- <u>SDGs(持続可能な開発目標)</u>では，17 の目標が掲げられている。人や社会，環境，経済の 3 つの視点から「<u>誰一人も取り残さない</u>」をキャッチフレーズとしている。

☐ **エシカル消費**　個人の希望が満たされるだけでなく，人や社会，環境，地域などに配慮した倫理的な消費のこと。

☐ **消費者市民社会**　消費者市民として自分たちにできることを積極的に行う社会を指す。

技術家庭 実技テストの コツ

技術 実際にあった実技テスト一覧

☐ **製作**：のこぎりを正しく使えるか〔→**①**〕

木工作品を作る，設計図を作る，はんだづけ

☐ **電気**：ラジオを作る，抵抗値を求める，テーブルタップを作る，電気回路を組む

回路図を書く〔→**②**〕

☐ **栽培**：大根を育てる，トマトを育てる

☐ **情報**：タイピング，動画を作成する

プログラミング，スクラッチでオリジナルのゲームを作る，

エクセルで指示通り表を作る

① 道具の使用

➡のこぎりを正しく使えるか

ポイント 道具を正しく使えるか，注意点は何かを確認するテスト。例えばのこぎりの使い方は本書の p.135 や教科書などでしっかり確認しておこう。定規などをのこぎりに見立てて，使うときの姿勢などを事前に練習しておくとよい。

② 回路図

➡回路図をかく

ポイント 電気回路の写真やイラストをもとに，回路図を書く課題がペーパーテストに出題されることがある。p.143 の電気用図記号は全部かけるようにしておこう。回路図は理科でも出題される分野だから，理科の教科書も参考にしながら勉強するとよい。

✧**内申点アップ**✦のコツ✧ **技術**

● 技術分野は，比較的座学が多いから，まずはペーパーテストの対策をしっかりしよう。

● 道具を使う課題では，注意点をしっかり覚えて，安全に配慮しよう。

家庭　実際にあった実技テスト一覧

- [ ] **被服**：ミシンの糸掛け，ミシンを使って作品を作る

    クロスステッチの作品を作る

    レース編みでコースターを作る

    ボタンとスナップを付ける

- [ ] **調理**：野菜の切り方

    リンゴの皮むき

    ハンバーグを作る

- [ ] **掃除**：雑巾を絞る〔→❸〕，ごみの分別

❸ 雑巾絞り

➡濡れた雑巾を正しく絞る

ポイント 横絞り（雑巾を横にしてねじりながら手首の回転だけで絞る方法）で絞ると，手の角度の関係でしっかり絞ることが難しい。**縦絞り**（雑巾を縦にして，順手と逆手で持ち，脇を締めて手首を内側に入れ込むように絞る方法）で絞ることで，手首だけでなく，腕の力も加えることができるので，しっかり絞ることができる。

↑横絞り

↑縦絞り

✧内申点アップ➚のコツ✧　家庭

- 家庭科分野は，日頃から家の手伝いをしている人にとってはあまり難しくない課題も多い。

- 調理実習で作った料理は，分量や手順などがペーパーテストで出題されることもあるので，家でも１度つくってみよう。

［監修者紹介］

若井雄司（わかい・たけし）
ダーウィン進学教室 代表

1974年、北海道生まれの横浜育ち。海城高校から早稲田大学理工学部に入学。卒業後は、大手ゼネコン勤務を経て進学塾の講師となる。授業を行いながら多くのご家庭と接点をもつ中で、生活環境の学力への影響力を痛感し、教育を変えたいという熱い想いから独立。2017年にダーウィン進学教室を設立。保護者からは「生活面から別人のように変わった」と大好評を得て、満席となるクラスが続出している。
学生時代から続けているブレイクダンスで世界1位となった経歴を持つ。愛車はLEXUSで趣味はドライブ。二児の父。

○ダーウィン進学教室 HP：
　https://www.darwin-higako.com/
○ Instagram：@wakatake1974

□ 執筆協力　㈱カルチャー・プロ　佐々木泰樹

□ 編集協力　㈱カルチャー・プロ　㈲Key. b. c　待井容子

□ デザイン　Studio Flavor

□ 図版作成　㈲デザインスタジオエキス.

□ イラスト　すみしんさく　林聖子　林拓海

□ 写真提供　井上玲希　㈲日本ログテック　アフロ（Alamy　ALBUM　Dorling Kindersley　Lebrecht　アトリエサラ　イメージマート　加藤勝彦　新華社　藤枝宏）colbase　DNPartcom（Photo © GrandPalaisRmn（musée du Louvre）/ Hervé Lewandowski /distributed by AMF-DNPartcom　Bridgeman Images　東京藝術大学）PIXTA（ARTS　Caito　Catsu　chie　dejavu　dorry　FabrikaSimf　freeangle　Hakase　iroha　K@zuTa　K321　kai　KOROKICHIKUN　kueqa　masa　mat　nishikun　nito　rogue　skylark　Ushico　Yotsuba　あんころもち　しなぷす　ぱぱ～ん　プロモリンク　マーボー　玄武　太秦）

□ 著作権許諾　日本音楽著作権協会（出）許諾第 2402540-401 号
　　教育芸術社 令和３年度「中学生の音楽１」 教育芸術社 令和３年度「中学生の音楽２・３上」
　　教育芸術社 令和３年度「中学生の音楽２・３下」 教育出版 令和３年度「音楽のおくりもの 中学音楽１」
　　教育出版 令和３年度「音楽のおくりもの 中学音楽２・３上」 教育出版 令和３年度「音楽のおくりもの 中学音楽２・３下」

シグマベスト
最強の内申対策　中学実技

本書の内容を無断で複写（コピー）・複製・転載することを禁じます。また，私的使用であっても，第三者に依頼して電子的に複製すること（スキャンやデジタル化等）は，著作権法上，認められていません。

編　者　文英堂編集部
発行者　益井英郎
印刷所　株式会社加藤文明社
発行所　株式会社文英堂
　　〒601-8121　京都市南区上鳥羽大物町28
　　〒162-0832　東京都新宿区岩戸町17
　　（代表）03-3269-4231